經學史研究叢刊

《論語》新得

——孔門弟子考信錄

董金裕　著

序言

　　司馬遷於《史記・孔子世家》末的「太史公曰」中說：「余讀孔氏書，想見其為人。」所謂孔氏書，所指雖然不只一種，但當以「孔子應答弟子、時人，及弟子相與言，而接聞於夫子之語也。」（《漢書・藝文志》）的《論語》為主。另司馬遷深知孔子的為人如無孔門弟子的傳承、發揚，即不能彰顯，故在《史記》中又立〈仲尼弟子列傳〉，而《論語》也是記錄孔門弟子言行最多的典籍。因此我們如欲了解孔子的為人以及孔門弟子的言行，最主要還是要憑藉《論語》的記載。

　　《論語》的成書頗為曲折，據載最初是「（孔子講學之）當時弟子各有所記，夫子既卒，門人相與輯而論纂，故謂之《論語》。」（《漢書・藝文志》）既然分言弟子、門人，則當各有所指：弟子者，孔子之弟子；門人者，弟子之門人。蓋《論語》各章本為孔子弟子所記錄，及至孔子卒後，乃由弟子之門人纂輯成書。但究竟是那位或那些弟子以及其門人？還有到底經過幾次纂輯？後世說法頗多，但並未有定論，此不贅述。

　　《論語》剛成書之時為單一或多種版本？其流傳情形如何？因文獻難徵，現已無法斷定。其後歷經戰亂與秦火，必然飽受劫難，及至漢興以後，經籍漸出，《論語》遂出現了魯人所傳的《魯論語》、齊人所傳的《齊論語》，以及在孔府舊宅複壁中發現的《古論語》，三種版本的篇數暨各篇的章數以至各章的字句，並不完全相同。其後於漢成帝時，安昌侯張禹（？——前5年）兼融《魯論語》、《齊論語》，號

《張侯論》，為世所重。從此以後，自漢朝到清朝，各《論語》注本大抵皆依循《張侯論》，惟在字句上仍不免略有差異。

　　《論語》的編輯成書，以至於流傳講授既然歷經波折，則其對孔子以至於孔門弟子的記述，是否完整或確實可信？難免啟人疑竇。筆者自年幼之時接觸《論語》起，迄今已達六十多年，為時雖久，也略有心得，但每當研讀時，固然常有深得我心之欣喜，然則也不可否認的是，對其中的少數記載還是存在意有未愜，或深覺困惑之處，其中尤以對孔門弟子的某些論述，感受或疑惑特別深刻，甚至屢思仍不得其解。

　　有鑑於此，乃選擇孔門弟子中或紹述不夠周全者，或紹述可能有偏頗甚至誣枉者，包括言偃（子游）、顏無繇（顏淵之父）、曾點（曾參之父）、閔子騫、澹臺滅明、孔忠（孔子之姪）、孔鯉（孔子之子）、南容（孔子之姪女婿）、公冶長（孔子女婿）、宰予、有若、宓子賤、林放、陳亢、孟懿子等共十五人。參考《史記‧仲尼弟子列傳》、《孔子家語‧七十二弟子解》……等相關記載，或闡發其人之特點、表現，或為其人辨誣，或為其人定位。闡發其人之特點或表現者，如子游為孔門唯一的南方弟子，且因緣際會而促成儒學南傳；又能謹遵「學道則愛人」之師教，以禮樂教化百姓；並因好問而引發孔子闡述大同的理想。為其人辨誣者，如宰予是否確實因「晝寢」而被孔子責備為「朽木不可雕」、「糞土之牆不可杇」？且被孔子認為必須「聽其言而觀其行」的弟子？為其人定位者，如未被列入《史記‧仲尼弟子列傳》中的林放、陳亢、孟懿子能否被視為孔門弟子？凡若此等，皆於本書的各篇文章中詳加探討辨析。

　　全書共包含正文十篇、附錄一篇，皆曾先後發表於《孔孟月刊》（其中紹述孟懿子一篇例外，請見該篇末所附說明）。現既彙為一書，乃略微調整結構，並校正少數文字，內容旨意則保留原貌，以就

教於學界同好。寫作期間,承蒙孔孟學會祕書長蔡信發教授多方鼓勵、協助,謹在此申致謝忱。更衷心期盼讀者能不吝指正,以匡鄙見之所不逮,更能為孔門弟子或抉發其幽光,或洗刷其冤屈,或闡明其地位,是所至盼。

董金裕

謹誌於二〇二二年十二月

目次

壹　見其進而未見其止
　　──孔門唯一南方弟子言偃在儒學史上的地位

前言

　　孔子一生以教育為最大職志，在其學不厭而教不倦的精神，與有教無類的原則之下，裁成弟子甚眾，據《史記》所載，弟子有三千人之多，身通六藝者達七十餘人。[1]其中最為眾所熟知者為四科十哲：

> 子曰：「從我於陳、蔡者，皆不及門也。」德行：顏淵、閔子騫、冉伯牛、仲弓。言語：宰我、子貢。政事：冉有、季路。文學：子游、子夏。[2]

　　言偃（字子游，以下為讀者方便計，皆稱子游）雖然也在四科十哲之列，但其聲望顯然不如在《論語》中屢屢出現的顏淵、子路、子貢；即使與同列於「文學」科的子夏相比，似乎也稍遜一籌。

1　《史記‧孔子世家》：「孔子以《詩》、《書》、禮、樂教，弟子蓋三千焉。身通六藝者七十有二人。」但弟子身通六藝之人數，《史記‧仲尼弟子列傳》云：「受業身通者七十有七人。」見司馬遷撰，裴駰集解，司馬貞索隱，張守節正義：《史記》（臺北：藝文印書館，據清乾隆武英殿刊本景印，1958年），頁771、877。

2　朱熹：《論語集注‧先進》，見朱熹：《四書章句集注》（臺北：大安出版社，2005年），頁169。

　　然則細加探究，子游在儒學史上的地位，實難有人能望其項背，約而言之，至少有三點：一為他乃孔子弟子中唯一的南方人，既不憚艱辛的北學於中國，且透過他的關係，讓北方人澹臺滅明拜孔子為師，並將儒學南傳。二為他充分掌握到儒學的根本，不僅嫻熟禮樂，尤貴能以禮樂教化人民，期能形成以禮為治的小康社會。三為透過他掌握適切的時機，向孔子請教，孔子乃闡述了儒家思想的最高境界──大同之治。儒家的終極理想才能為世人所知，引導大家不斷的朝此目標邁進。

　　如前所述，子游生前聲光並不甚顯，但他在儒學史上既有其不可磨滅的地位，實不容我們漠然視之。故本文擬針對以上三點，利用有限的資料，闡述其成就，以期發子游之幽光，彰顯他對儒學的卓越貢獻。

一　南人北學，促成儒學南傳

　　孔子為魯國人，因當時交通頗不方便，故能前來向他問學的人，以魯人為多，雖然也有齊人、衛人、陳人、宋人、秦人，甚至楚人等，但這些人出身的諸侯國大抵皆在今山東、河南、陝西、湖北境內，其實都是北方人。子游則為吳人，吳國位在今江蘇省，故他乃是孔子弟子中唯一的南方人。

　　按子游為吳人，明白見於《史記‧仲尼弟子列傳》所載：

> 言偃，吳人。字子游。少孔子四十五歲。[3]

　　本來並無疑義，不料到了魏‧王肅所傳的《孔子家語‧七十二弟子解》卻說：

3　司馬遷撰，裴駰集解，司馬貞索隱，張守節正義：《史記‧仲尼弟子列傳》，頁882。

言偃，魯人，以文學著名。[4]

與司馬遷所述並不相同，所據為何？並未說明。故唐・司馬貞《史記索隱》即辨明《孔子家語》之說並不可信，曰：

> 《家語》云魯人，按偃仕魯為武城宰耳。今吳郡有言偃冢，蓋吳郡人為是。[5]

以為《孔子家語》可能因子游曾任魯國武城宰而誤，後世學者多從之，如朱熹〈平江府常熟縣學吳公祠記〉就說：

> 平江府常熟縣學吳公祠者，孔門高第弟子言偃子游之祀也。按太史公《記》，孔門諸子多東州之士，獨公為吳人。而此縣有巷名「子游」，有橋名「文學」，相傳至今。《圖經》又言公之故宅在縣西北，而舊井存焉，則今雖不復可見，而公為此縣之人蓋不誣矣。[6]

其他如元・馬端臨《文獻通考・經籍考》、明・陳鎬《闕里志》、呂元善《聖門志》、清・鄭環《弟子列傳考》等，皆持相同看法。不料清・崔述《洙泗考信餘錄》卻提出異議，其說曰：

> 吳之去魯遠矣，若涉數千里而北學於中國，此不可多得之事。

4　王肅注：《孔子家語・七十二弟子解》，見《新編諸子集成》（臺北：世界書局，1972年），第2冊，頁87。

5　司馬遷撰，裴駰集解，司馬貞索隱，張守節正義：《史記・仲尼弟子列傳》，頁882。

6　朱熹：〈平江府常熟縣學吳公祠記〉，見朱熹著，陳俊民校編：《朱子文集》（臺北：財團法人德富文教基金會，2000年），頁3982。

> 傳記所記子游言行多矣，何以皆無一言及之？且孔子沒後，有
> 子、曾子、子夏、子張與子游相問答之言甚多。悼公之弔有若
> 也子游擯，武叔之母之死也子游在魯，而魯之縣子、公叔戌亦
> 皆與子游游，子游之非吳人明矣。……子游之子言思亦仍居
> 魯，……固世為魯人矣。[7]

所謂「不可多得」並非絕無可能。崔述雖為考據名家，但他以上所
論，並未舉出任何實證，僅憑臆測，而作此判定，顯失武斷，其不可
信明矣！

　　子游雖為吳人，然而北學於魯以後，即仕於魯，並未見有相關記
載述及他將儒學南傳。但子游為武城（今山東省德州市之屬縣）宰
時，據《論語·雍也》記載：

> 子游為武城宰。子曰：「女得人焉爾乎？」曰：「有澹臺滅明
> 者，行不由徑。非公事，未嘗至於偃之室也。」[8]

由此可知澹臺滅明為子游的僚屬，為人正直、無私，故為子游所識知
而稱許以為人才。

　　按澹臺滅明乃魯武城人，少孔子三十九歲，後亦拜孔子為師，被
列入《史記·仲尼弟子列傳》，他之位列孔子門墻，顯然是由子游引
薦。另澹臺滅明雖然非公事不到子游之室，但既然彼此心意契合，情
誼應屬密切，極可能自子游處習聞南方的風土人情，因此他後來「南
游至江，從弟子三百人，設取予去就，名施乎諸侯。」[9]據此可知，

7　崔述：《洙泗考信餘錄》，見崔述撰著，顧頡剛編訂：《崔東壁遺書》（上海：上海古
　　籍出版社，1983年），頁405。

8　朱熹：《論語集注·雍也》，見朱熹：《四書章句集注》，頁118。

9　司馬遷撰，裴駰集解，司馬貞索隱，張守節正義：《史記·仲尼弟子列傳》，頁883。

子游雖未將儒學南傳，但由於他的中介，讓年長於自己的北方人澹臺滅明得以學於孔子，且因與子游交往，對南方有所嚮往，最後率領為數甚多的弟子三百人，講求「取予去就」的正道，名聲響遍諸侯，儒學因而從北方開始傳揚到江淮一帶。

　　綜上所述，可見儒學南傳的首功人物雖然是澹臺滅明，但子游的居中穿引，實有其極為關鍵的貢獻在。

二　嫻熟禮樂，以之教化百姓

　　子游名列孔門四科中的文學，曰：「文學：子游、子夏。」但當時所稱的文學與後世所謂之文學並不相同，所指乃《詩》、《書》、禮、樂之文，故陳澧《東塾讀書記》說：

> 司馬溫公云：「古之所謂文者，乃《詩》、《書》、禮、樂之文，升降進退之容，弦歌雅頌之聲，非今之所謂文也。今之所謂文者，古之辭也。」（〈答孔司戶文仲書〉）《新唐書·文藝傳序》云：「夫子之門，以文學為下科。」澧案：此誤以後世之文辭為孔門之文學，又見文學在四科之末，故云下科耳。德行、言語、政事，皆載在先王典文《詩》、《書》、禮、樂之內，故以文學承三科之後，非下也。[10]

張伯行《困學錄集粹》也說：

> 文學：子游、子夏。文所以載道也，學所以明道也，文、學皆

10　陳澧：《東塾讀書記》，見《四部備要》（臺北：中華書局，1966年），卷2，頁8。

與道相關,此所以為聖門之文學也。若以詞章為文,記誦為
學,則今世之文學矣,又何貴乎?[11]

凡此皆可見子游嫻熟的文學,與《詩》、《書》、禮、樂之載道、
明道相關,故子游以禮樂教民,於回答孔子之戲言時,乃能立即引用
孔子「君子學道則愛人,小人學道則易使也」[12]之言以答復之。

子游之學最長於禮,故《論語・子張》記載他論喪禮說:「喪致
乎哀而止。」[13]意謂守喪最重要的是表達哀戚的心情。又如《禮記・
檀弓上、下》等記載了多則他與時人及同門討論禮樂制度之事,既為
時人所欽服,連曾子有時也自嘆不如。[14]凡此皆可見他對禮樂的精通
程度。

尤其可貴的是子游不僅嫻熟禮樂,更能付諸實踐,當他擔任魯國
武城宰時,即以禮樂教化百姓,據《論語・陽貨》記載:

子之武城,聞弦歌之聲。夫子莞爾而笑,曰:「割雞焉用牛
刀?」子游對曰:「昔者偃也聞諸夫子曰:『君子學道則愛人,
小人學道則易使也。』」子曰:「二三子!偃之言是也。前言戲
之耳。」[15]

---

11 張伯行:《困學錄集粹》,見《叢書集成簡編》(臺北:臺灣商務印書館,1966年),
　　卷4,頁60。
12 朱熹:《論語集注・陽貨》:「子之武城,聞弦歌之聲。夫子莞爾而笑,曰:『割雞焉
　　用牛刀?』子游對曰:『昔者偃也聞諸夫子曰:「君子學道則愛人,小人學道則易使
　　也。」』……」見朱熹:《四書章句集注》,頁246。
13 朱熹:《論語集注・子張》:「子游曰:『喪致乎哀而止。』」見朱熹:《四書章句集
　　注》,頁266。
14 其詳可參黃俊郎:〈三、子游之學術〉,見氏著:《子游學案》(臺北:嘉新水泥公
　　司,1969年),頁37-64。分從「其學術乃承孔子之遺緒」、「其學術之長於禮」、「其
　　學術之崇樂」、「其學術之知節」、「其學術之重本」各方面論述。文甚長,不具引。
15 朱熹:《論語集注・陽貨》,見朱熹:《四書章句集注》,頁246。

所謂「弦歌之聲」，指的即是禮樂教化，故朱熹集注曰：「時子游為武城宰，以禮樂為教，故邑人皆弦歌也。」[16]

按禮之所重有三：一為「禮也者，理也。」[17]意謂禮必須合乎道理。二為「禮者，體也。」[18]意謂禮必須體察人情。三為「禮者，人之所履也。」[19]意謂禮必須實際踐履。然則三者之中，履尤為要，因為禮儘管合乎道理，也體察順應了人情，但是如果不實地去做，也只是徒托空言，既無補於實際事務，更會造成虛浮的風氣，非僅無益，反而有害。子游對此領會甚深，而能充分了解禮樂之道乃在使君子學之而能愛人，小人學之則易使。故當他有機會治理武城時，儘管是個小地邑，但誠如朱熹所謂「治有大小，而其治之，必用禮樂，則其為道一也。」[20]故期望透過禮樂來教導百姓，而能化民成俗，營造雍熙和樂的小康社會。孔子所言「偃之言是也，前言戲之耳」背後，實帶有極為讚許與欣慰的心情在焉。

三　篤學好問，與聞大同理想

子游少孔子四十五歲，在孔門之中屬後進弟子，可能一方面是年輕而銳於進取，另方面則因南人北學於魯，備嘗艱辛，能列於孔子門墻極為不易，故他十分珍惜。於努力向學過程中，凡有疑難即勇於提

16　朱熹：《論語集注・陽貨》，見朱熹：《四書章句集注》，頁247。

17　鄭玄注，孔穎達疏：《禮記正義・仲尼燕居》（臺北：藝文印書館，據清嘉慶二十年江西南昌府學開雕本影印，1955年），頁854。

18　高誘注：《淮南子・齊俗訓》，見《新編諸子集成》（臺北：世界書局，1972年），第7冊，頁176。

19　楊倞注，王先謙集解：《荀子集解・大略》，見《新編諸子集成》（臺北：世界書局，1972年），第2冊，頁327。

20　朱熹：《論語集注・陽貨》，見朱熹：《四書章句集注》，頁247。

問，[21]令人想見其博學之外的審問情形。尤為難得的是他也敢於根據孔子的教導，為自己的行為辯護，前述他任武城宰時，以禮樂教化人民，孔子聞弦歌之聲，以「割雞焉用牛刀」戲之，乍看似有譏諷之意。子游並不以為忤，反而謹遵師訓，據理而言曰：「昔者偃也聞諸夫子曰：『君子學道則愛人，小人學道則易使也。』」終使孔子點出其讚賞的真正心意，而曰：「偃之言是也。前言戲之耳。」

應該是由於子游既嫻熟禮樂，又能實地踐履以教化百姓，更具有能思而好問的精神，深為孔子肯認。故當孔子應邀參與魯國國君所主持，於年尾遍祭天地萬物的「蜡祭」時，即由子游陪同前往。在祭禮結束後，孔子因眼見「蜡祭」徒具形式而興發慨嘆，子游可能也有所感觸，遂本其一貫的好問精神，請教孔子嘆息的原因。[22]這一問終於引發孔子闡述其大同的終極理想，真可謂「大哉問」也。

在子游「君子何嘆」的請益之下，孔子的答語所帶出的大同之治為：

> 大道之行也，與三代之英，丘未之逮也，而有志焉。大道之行也，天下為公。選賢與能，講信修睦，故人不獨親其親，不獨子其子，使老有所終，壯有所用，幼有所長，矜、寡、孤、獨、廢、疾者，皆有所養。男有分，女有歸。貨惡其棄於地

---

21 黃俊郎：〈二、子游在孔門〉：「今詳書傳所載子游之問，見於《論語》者一（〈為政〉），見於《禮記》者九（〈檀弓〉三、〈曾子問〉一、〈禮運〉三、〈仲尼燕居〉二），見於《孔子家語》者二十三（〈問禮〉一、〈致思〉一、〈論禮〉二、〈禮運〉三、〈正論〉三、〈曲禮子貢問〉七、〈曲禮子夏問〉四、〈曲禮公西赤問〉二，其中重出於《禮記》者九），令人想見當日言語情景。」見氏著：《子游學案》，頁23。

22 鄭玄注，孔穎達疏：《禮記正義‧禮運》：「昔者仲尼與於蜡賓，事畢，出遊於觀之上，喟然而嘆。仲尼之嘆，蓋嘆魯也。言偃在側，曰：『君子何嘆？』」見鄭玄注，孔穎達疏：《禮記正義》，頁412。

也，不必藏於己；力惡其不出於身也，不必為己。是故謀閉而不興，盜竊亂賊而不作，故外戶而不閉，是謂大同。[23]

為了彰顯大同之治的理想，孔子又以小康之治作為襯托，曰：

今大道既隱，天下為家：各親其親，各子其子，貨力為己，大人世及以為禮。城郭溝池以為固，禮義以為紀；以正君臣，以篤父子，以睦兄弟，以和夫婦，以設制度，以立田里，以賢勇知，以功為己。故謀用是作，而兵由此起。禹、湯、文、武、成王、周公，由此其選也。此六君子者，未有不謹於禮者也。以著其義，以考其信，著有過，刑仁講讓，示民有常。如有不由此者，在執者去，眾以為殃，是謂小康。[24]

　　儘管小康之治所提到的三代聖王——禹、湯、文、武、成王、周公，其實都是孔子景仰的對象，但孔子也不得不承認三代其實是「天下為家：各親其親，各子其子，貨力為己，大人世及以為禮。城郭溝池以為固，禮義以為紀；以正君臣，以篤父子，以睦兄弟，以和夫婦，以設制度，以立田里，以賢勇知，以功為己。」固然有其功績成效，曰：「此六君子者，未有不謹於禮者也。以著其義，以考其信，著有過，刑仁講讓，示民有常。」但也不免會造成弊害，云：「故謀用是作，而兵由此起。」此與「大道之行也，天下為公。選賢與能，講信修睦，故人不獨親其親，不獨子其子。使老有所終，壯有所用，幼有所長，矜、寡、孤、獨、廢、疾者皆有所養。男有分，女有歸。貨惡其棄於地也，不必藏於己；是故謀閉而不興，盜竊亂賊而不作，

23　鄭玄注，孔穎達疏：《禮記正義・禮運》，頁412-413。
24　鄭玄注，孔穎達疏：《禮記正義・禮運》，頁413-414。

故外戶而不閉。」的大同之治,仍有相當的差距。由此可見孔子所標舉的儒學歸趨,並不以「小康」為已足,而必須以「大同」為其終極目標。

《中庸》稱「仲尼祖述堯、舜,憲章文、武。」[25]一般解者大抵認為兩句一意,指孔子效法堯、舜、文、武之道,如此詮釋固然大抵可取,但朱熹注解云:「祖述者,遠宗其道。憲章者,近守其法。」[26]按《中庸》本為《禮記》中的一篇,如採取朱熹注解「遠宗」、「近守」之意,將之與同為《禮記》之篇的〈禮運〉配合來看,把「憲章文、武」解為以文王、武王的「天下為家」、「謹於禮者」的「小康」之治為近程目標;而將「祖述堯、舜」解為以堯、舜「大道之行也,天下為公」的「大同」之治為遠程目標。不僅在訓詁上講得通,也更合乎儒家工夫的循序漸進,與義理的必然歸趨,應該是十分諦當吧!

結語

《論語・子罕》記載:「子謂顏淵曰:『惜乎!吾見其進也,未見其止也。』」[27]其實孔子諸弟子中,由於本身的篤信好學,加上孔子的循循善誘,見其進而未見其止者所在多有,子游即屬其中的佼佼者。

首先是子游生為南方人,僻處當時尚未開發的蠻荒之地,而能聞知孔子之道而崇慕之,遂不遠千里,逾江涉淮,歷經艱難險阻,以登聖門,由此可見其嚮道之懇切。後來又能名列孔門四科中的文學科,又可見其學術之紮實。凡此皆為子游之一進也。

其次為子游進入孔子門牆後,即能掌握到儒學的根本,既問孝於

---

25 朱熹:《中庸章句・第三十章》,見朱熹:《四書章句集注》,頁50。

26 朱熹:《中庸章句・第三十章》,見朱熹:《四書章句集注》,頁50。

27 朱熹:《論語集注・子罕》,見朱熹:《四書章句集注》,頁154。

孔子，[28] 又屢屢與同門以禮相切磋，而能深切體會事君、交友之道。[29] 尤其可貴的是他於嫻熟禮樂之道以後，藉治理武城的機會，實際用以教化百姓。在職期間且識知正直、無私的澹臺滅明，將他引薦為孔子弟子，終於促成澹臺滅明將儒學南傳，大有功於儒家思想的傳揚。凡此皆為子游之又一進也。

尤有進者，儒家固然十分推崇三代聖王之以禮義為紀，以端正各種人倫關係，但達到此地步僅可謂為小康。對此子游可能已略有感知，遂藉機向孔子請教，終於引發孔子闡述其以天下為公的大同之治，將儒家的理想提升到最高境界。如此者更是子游的又一進也。

子游既然能不斷精進，見其進而未見其止，依理當更有進境。可惜他屬孔子的後進弟子，從遊時間並非十分久長，而孔子謝世以後，天下滔滔，局勢更加混亂，與儒家思想追求的境界相去彌遠。時局既已如此惡劣，子游又無著作傳世，而書傳對其事蹟所載也屬有限，終使其學其行不甚顯於世，誠然為儒學史上的一大憾事。有鑑於此，乃將子游對儒學的卓越貢獻，歸納為三個重點，表而出之如上，既以感念前賢，並期策勵來茲。

> ──原發表於二○二○年八月廿一日常熟「虞山文化論壇」；後刊登於二○二一年二月廿八日《孔孟月刊》第五十九卷第五、六期；又收錄於《言子思想的當代傳承和價值》（揚州：廣陵書社，2021年）。

28　朱熹：《論語集注・為政》：「子游問孝。子曰：『今之孝者，是謂能養。至於犬馬，皆能有養；不敬，何以別乎？』」見朱熹：《四書章句集注》，頁73。

29　朱熹：《論語集注・里仁》：「子游曰：『事君數，斯辱矣；朋友數，斯疏矣。』」見朱熹：《四書章句集注》，頁99。

貳　孔門唯二父子檔之父輩
──顏無繇、曾點紹述

前言

在孔門的三千弟子中，有兩對父子檔：顏無繇、顏淵，與曾點、曾參。由於作為子輩的顏回、曾參，在《論語》中有多章述及其言行。且顏淵為孔子最得意的門生，名列孔門四科十哲之首，後來更被尊稱為復聖；曾參能體悟孔子的一貫之道，相傳著有《大學》、《孝經》，後來還被尊稱為宗聖；故兩人皆被眾所熟知。但作為父輩的顏無繇、曾點，屬孔子的早期弟子，且從各種資料判斷，並未跟隨孔子周遊列國，孔子回魯國後，雖然重返師門，但與孔子以及後進師弟的接觸似較有限，因而《論語》所載兩人之事，僅在〈先進〉篇各一章而已，一般人對他們可謂十分陌生。

顏無繇、曾點兩人除了在《論語》中的記述極少以外，其他載籍也罕有提及，兩人的身世如何？也就不為人所知。但從相關的記載，可以看出其子輩的生活並不寬裕。顏回是「一簞食，一瓢飲，在陋巷。」[1]「（回也）屢空。」[2]曾參則是「曾子布衣縕袍未得完，糟糠之食、藜藿之羹未得飽」、「曾子衣弊衣以耕。」[3]由此可以推知顏無繇、

1　朱熹：《論語集注・雍也》，見朱熹：《四書章句集注》（臺北：大安出版社，2005年），頁117。

2　朱熹：《論語集注・先進》，見朱熹：《四書章句集注》，頁175。

3　劉向：《說苑・立節》，見《中國子學名著集成珍本初編》（臺北：中國子學名著集成編印基金會，1978年），第26冊，頁107-108、頁110。

曾點出身並不顯貴，家境也非富饒。按孔子曾自述：「自行束脩以
上，吾未嘗無誨焉。」[4]對來學者不問貴賤、貧富等，無不加以教
誨。顏無繇、曾點身世寒微，竟能很早就列於孔子門墻，可以證知孔
子開始設教，即秉持「有教無類」[5]之精神。

　　顏無繇、曾點不僅《論語》記述甚少，先秦兩漢的著作對此兩人
所載亦屬有限，雖然就這些為數不多的資料並無法勾勒出兩人學行的
全貌，但至少可以看出其心志、性情的一斑。本文之作即在裒集相關
資料，以闡述孔門唯二父子檔中的父輩：顏無繇、曾點之潛德，以發
其人之幽光。

一　顏無繇

　　《史記‧仲尼弟子列傳》及《孔子家語‧七十二弟子解》皆述及
顏無繇，但都極為簡短。《史記》云：

> 顏無繇，字路。路者，顏回父。父子嘗各異時事孔子。顏回
> 死，顏路貧，請孔子車以葬。孔子曰：「材不材，亦各言其子
> 也，鯉也死，有棺而無椁，吾不徒行以為之椁，以吾從大夫之
> 後，不可以徒行。」[6]

對其生平所載有限，且後大半段乃襲自《論語‧先進》所述者。

4　朱熹：《論語集注‧述而》，見朱熹：《四書章句集注》，頁127。

5　朱熹：《論語集注‧衛靈公》：「子曰：『有教無類。』」見朱熹：《四書章句集注》，
　頁236。

6　司馬遷撰，裴駰集解，司馬貞索隱，張守節正義：《史記‧仲尼弟子列傳》（臺北：
　藝文印書館，據清乾隆武英殿刊本景印，1958年），頁884。

《孔子家語》云：

> 顏由，顏回父，字季路。孔子始教學於闕里而受學。少孔子六
> 歲。[7]

所言名、字與《史記》所講並不完全相同，但均可判斷乃孔子早期的
學生。

《論語》中與顏無繇相關的記載僅有一條，見於〈先進〉篇：

> 顏淵死，顏路請子之車以為之椁。子曰：「才不才，亦各言其
> 子也。鯉也死，有棺而無椁。吾不徒行以為之椁。以吾從大夫
> 之後，不可徒行也。」[8]

所載為顏淵死後，其父顏無繇為其辦理喪葬事宜。基於父子情深，
愛子心切，顏無繇可能想到孔子平日對顏淵頗為賞識鍾愛，居然很
冒失的提出要求，請孔子賣掉代步的車子來為顏淵置辦椁（外棺）。
但孔子以自己的兒子孔鯉於前兩年死時也是「有棺而無椁」，再加上
自己乃「從大夫之後」（曾任大夫的謙辭），不能徒步而行；分別從
他處理兒子的喪葬情形，以及自己的身分兩方面，婉拒了顏無繇的
請求。

按《禮記・檀弓上》云：

> 子游問喪具。夫子曰：「稱家之有無。」子游曰：「有無惡乎

7　王肅注：《孔子家語・七十二弟子解》，見《新編諸子集成》（臺北：世界書局，
　　1972年），第2冊，頁89。

8　朱熹：《論語集注・先進》，見朱熹：《四書章句集注》，頁171。

齊？」夫子曰：「有，毋過禮。苟亡矣，斂首足形，還葬，懸
棺而封，人豈有非之者哉！」[9]

據此，顏淵之葬，雖有棺而無槨，但已足以斂首足形，不算失禮。可
見孔子之拒絕顏無繇之請，既顧及情，也合於禮。可能顏無繇也充分
明白其中道理，自知所提要求並不合宜，故未再三懇求孔子應允。[10]

另據《孔子家語‧曲禮公西赤問》記載：

顏淵之喪既祥，顏路饋祥肉於孔子。孔子自出而受之。入彈琴
以散情，而後乃食之。[11]

由此看來，顏無繇雖然在此之前冒失無禮的請求孔子賣車為其子置
槨。卻能於顏淵祥祭（喪期已滿所舉行之祭祀）後，知過而改，按照
禮的要求，將祥祭的祭肉致送給孔子。依《論語》所述，孔子稱讚顏
淵好學，有「不貳過」之語，[12]可以推想極有可能來自於顏無繇的家
庭教育。

綜上所述，從《論語‧先進》有關顏無繇僅有的一章，並配合
《論語》他章及《孔子家語》的記載，可以獲得下列三種訊息：一為

---

9 鄭玄注，孔穎達疏：《禮記正義‧檀弓上》（臺北：藝文印書館，據清嘉慶二十年江
　西南昌府學開雕本影印，1955年），頁148。

10 惟據《論語集注‧先進》所載：「顏淵死，門人欲厚葬之，子曰：『不可。』門人厚
　葬之。」見朱熹：《四書章句集注》，頁172。也有可能因顏淵已厚葬，故顏無繇不
　再懇求孔子應允。

11 王肅注：《孔子家語‧曲禮公西赤問》，見《新編諸子集成》，第2冊，頁115。按
　《禮記‧檀弓上》也有類似記載，曰：「顏淵之喪，饋祥肉，孔子出受之，入，彈
　琴而後食之。」見鄭玄注，孔穎達疏：《禮記正義‧檀弓上》，頁130。

12 朱熹：《論語集注‧雍也》：「哀公問：『弟子孰為好學？』孔子對曰：『有顏回者好
　學，不遷怒，不貳過。不幸短命死矣！……。』」見朱熹：《四書章句集注》，頁113。

推知顏無繇與顏淵父子情深，故他在遭受喪子之痛後，不自知的向孔子提出失禮的要求。二為顏無繇經孔子剖析情理以後，乃能幡然憬悟而不再繼續懇求，且於顏淵祥祭後，依禮贈送祥肉給孔子，可見其知過能改，所行復歸於禮。顏淵之「不貳過」似乎係受庭訓之影響。三為一般以為顏淵「不幸短命死矣」，[13]乃是由於「一簞食，一瓢飲，在陋巷」，係因營養不良、居住環境惡劣所導致。但從顏淵死時，顏無繇仍在世，以當時孔子七十一歲，顏無繇少孔子六歲推之，已是六十五歲，超過古人下壽，甚或中壽的年齡，[14]則顏淵之死料必有其他原因，而非飲食、居住條件太差所致。惜文獻不足，難以證明之也。

二　曾點

《史記·仲尼弟子列傳》及《孔子家語·七十二弟子解》皆述及曾點，亦均極為簡短。《史記》云：

> 曾蒧，字皙。侍孔子，孔子曰：「言爾志。」蒧曰：「春服既成，冠者五六人，童子六七人，浴乎沂，風乎舞雩，詠而歸。」孔子喟爾嘆曰：「吾與蒧也！」[15]

《孔子家語》云：

13　朱熹：《論語集注·雍也》，見朱熹：《四書章句集注》，頁113。

14　古人對壽命長短之說法有三種：《左傳·僖公三十二年》孔穎達疏以為：「上壽百二十歲，中壽百，下壽八十。」但《莊子·盜跖》云：「人上壽百歲，中壽八十，下壽六十。」《呂氏春秋·孟冬紀·安死》則云：「人之壽，久之不過百，中壽不過六十。」可見有以六十為下壽，甚至中壽者。

15　司馬遷撰，裴駰集解，司馬貞索隱，張守節正義：《史記·仲尼弟子列傳》，頁884。

　　曾點，曾參父，字子皙。疾時禮教不行，欲修之，孔子善焉。
《論語》所謂「浴乎沂，風乎舞雩之下。」[16]

文字略少，但內容稍多。惟兩段記載之最後皆襲自《論語》，且皆未
提及其年歲。[17]

　　《論語》中與曾點相關的記載，亦只有一章，見於〈先進〉，曰：

　　子路、曾皙、冉有、公西華侍坐。子曰：「以吾一日長乎爾，
毋吾以也。居則曰：『不吾知也！』如或知爾，則何以哉？」
子路率爾而對曰：「千乘之國，攝乎大國之間，加之以師旅，
因之以饑饉。由也為之，比及三年，可使有勇，且知方也。」
夫子哂之。「求，爾何如？」對曰：「方六七十，如五六十。求
也為之，比及三年，可使足民。如其禮樂，以俟君子。」
「赤，爾何如？」對曰：「非曰能之，願學焉。宗廟之事，如
會同，端章甫，願為小相焉。」「點，爾何如？」鼓瑟希，鏗
爾，舍瑟而作。對曰：「異乎三子者之撰。」子曰：「何傷乎？
亦各言其志也。」曰：「莫春者，春服既成。冠者五六人，童
子六七人，浴乎沂，風乎舞雩，詠而歸。」夫子喟然嘆曰：
「吾與點也。」三子者出，曾皙後。曾皙曰：「夫三子者之言
何如？」子曰：「亦各言其志也已矣。」曰：「夫子何哂由
也？」曰：「為國以禮，其言不讓，是故哂之。」「唯求則非邦
也與？」「安見方六七十，如五六十，而非邦也者？」「唯赤則

16　王肅注：《孔子家語‧七十二弟子解》，見《新編諸子集成》，第2冊，頁89。
17　曾點之生卒年，文獻無徵，一般以其子曾參少孔子四十六歲推之，以為少孔子二十
　　餘歲。

非邦也與？」「宗廟會同，非諸侯而何？赤也為之小，孰能為
之大？」[18]

整章多達三百餘字，為《論語》中最長之章，述說在孔子的誘導之
下，子路、冉有、公西華分別表述自己從政所欲達到的目標；曾點也
在孔子的要求下，說出自己的志願，但與前三人的胸懷迥然有別，而
被孔子贊嘆。文章最後，透過曾點與孔子的問答，孔子表達了對前三
位弟子具有從政之才的肯定。

　　按本章言語清暢，描述貼切，情節轉折，氣韻生動，可稱為一篇
極為精彩的散文，但也留下不少話題。尤其是對曾點的言談舉止，後
世評價不一，綜合各《論語》主要注家之見，約而言之，可以歸納為
三類。

　　第一類為贊揚曾點能知時審勢，樂於過逍遙自在的生活。

　　如何晏《論語集解》引周生烈曰：「善點之獨知時也。」[19]又如皇
侃《論語集解義疏》引李充云：「善其能樂道知時，逍遙游詠之至
也。」[20]又如邢昺《論語注疏》謂：「善其獨知時而不求為政也。」[21]

　　第二類為贊揚曾點氣象高遠，胸懷宏闊，但以貶抑子路等三人以
墊高其地位。

　　如皇侃《論語集解義疏》曰：「當時道消世亂，馳競者眾，故諸
弟子皆以仕進為心，唯點獨識時變，故與之也。……唯曾生超然，獨
對揚德音，起予風儀，其辭精而遠，其指高而適，亹亹乎固盛德之所

18　朱熹：《論語集注・先進》，見朱熹：《四書章句集注》，頁179。

19　何晏集解，皇侃義疏：《論語集解義疏・先進》（臺北：廣文書局，1977年），頁
　　400。

20　何晏集解，皇侃義疏：《論語集解義疏・先進》，頁405。

21　何晏注，邢昺疏：《論語注疏・先進》（臺北：藝文印書館，據清嘉慶二十年江西南
　　昌府學開雕本影印，1955年），頁101。

同也，三子之談於茲陋矣。」[22]又如朱熹《論語集注》云：「曾點之學，蓋有以見夫人欲盡處，天理流行，隨處充滿，無少欠闕。故其動靜之際，從容如此。而其言志，則又不過即其所居之位，樂其日用之常，初無舍己為人之意。而其胸次悠然，直與天地萬物上下同流，各得其所之妙，隱然自見於言外。視三子之規規於事為之末者，其氣象不侔矣，故夫子嘆息而深許之。」[23]

第三類為指摘曾點不顧師生對答之禮儀或答非所問。但以怵於孔子「吾與點也」之言，持此見解者人數較少，而且聲量不大，語氣亦屬委婉。

如劉寶楠《論語正義》曰：「〈曲禮〉云：『侍坐於君子，君子問更端，則起而對。』鄭〈注〉：『離席對，敬異事也，君子必令復坐。』此舉問異事，當如前之敬。蓋君子有問於己，皆當起對，對畢就坐。若對未畢，君子詔己坐，亦得坐。若夫子問六言六蔽，子路起而對，夫子復令之坐是也。若然，此三子承夫子之問，並應作而後對。前不言者，從可知也。」[24]此委婉指出曾點於師生問答時，仍鼓瑟不輟，並未顧及師生問答之禮儀，立即起立而對。另如程樹德《論語集釋》引《黃氏日抄》曰：「四子侍坐，而夫子啟以如或知爾則何以哉，蓋試言用於世當如何也。三子言為國之事，皆答問之正也。曾皙孔門之狂者也，無意於世者也，故自言其瀟灑之趣。此非答問之正也。」[25]明白指出曾點所答與孔子之問並不相符應。

以上三類中之第二類，讚揚曾點然而卻貶抑三子，以朱熹《論語集注》為代表。但朱熹對曾點的評價，並非全然如此，據《朱子語

---

22 何晏集解，皇侃義疏：《論語集解義疏・先進》，頁405-406。

23 朱熹：《論語集注・先進》，見朱熹：《四書章句集注》，頁180。

24 劉寶楠：《論語正義・先進》，見《新編諸子集成》（臺北：世界書局，1972年），第1冊，頁257。

25 程樹德：《論語集釋・先進》（臺北：鼎文書局，1973年），頁703-704。

類》所載，朱熹除了仍有不少推崇曾點之言談外，也曾明言曾點的缺失，如云：「曾點言志，當時夫子只是見他說幾句索性話，令人快意，所以與之。其實細密工夫卻多欠闕，便似莊、列。如季武子死，倚其門而歌；打曾參仆地；皆有些狂怪。」[26] 又云：「（曾點）於用工夫處亦欠細密。」[27] 又云：「學者要須常有三子之事業，又有曾點襟懷，方始不偏。蓋三子是就事上理會，曾點是見得大意。曾點雖見大意，卻少事上工夫。三子雖就事上學，又無曾點底脫灑意思。」[28] 觀點顯然已轉持平，其例尚多，不一一列舉。由是可見朱熹並非全然讚揚曾點而貶抑三子，可惜一般人較熟習《論語集注》，故其所載影響較大。

　　上舉三類中之第三類指摘曾點之缺失，解者皆以曾點乃是狂者為其開脫。[29]

　　三類的看法，可謂見仁見智，各有其立場，然則以何種立場較為客觀平允？茲轉述程樹德《論語集釋》所引三家之說如下：

　　首為宋儒黃震，其《黃氏日鈔》云：「夫子以行道救世為心，而時不我與，方與二三子私相講明於寂寞之濱，乃忽聞曾皙浴沂歸詠之言，若有得其浮海、居夷之意，故不覺喟然而嘆，蓋其所感者深矣！所與雖點，而所以嘆者豈與點哉！繼答曾皙之問，則力道三子之美。夫子豈以忘世自樂為賢，獨與點而不與二三子哉？」[30]

26　朱熹著，黎靖德編：《朱子語類》（臺北：文津出版社，1986年），頁1027。按文中所稱「季武子死，倚其門而歌」，見於《禮記・檀弓下》，云：「季武子寢疾，……及其喪也，曾點倚其門而歌。」所稱「打曾參仆地」，分見《韓詩外傳》及《說苑・建本》，大意謂曾參芸瓜而誤斷其根，曾點怒，引大杖擊之，曾參倒地，有頃乃蘇。

27　朱熹著，黎靖德編：《朱子語類》，頁1028。

28　朱熹著，黎靖德編：《朱子語類》，頁1031。

29　《孟子・盡心下》載孟子與萬章之對話，以為孔子思中道而與之，但不可必得，乃退而求其次之狂者、狷者，蓋因「狂者進取，狷者有所不為」。所舉狂者之例，曾皙即在其列，謂此類人「其志嘐嘐然，曰『古之人，古之人』。夷考其行，而不掩者也。」意謂狂者志大而言誇，嚮往古人，但考察其所行，往往不與所言相符。

30　程樹德：《論語集釋・先進》，頁704。

次為明儒楊慎，其《升庵全集》云：「至於三子出而曾點後，蓋亦自知答問之非正，而蒙夫子之獨與，故歷問之，而夫子歷道三子之美，夫子豈以忘世自樂為賢，獨與點而不與二三子哉？後世談虛好高之習勝，不原夫子喟嘆之本旨，不詳本章所載之始末，單摭與點數語而張皇之。遺落世事，指為道妙，但欲推之過高，而不知陷於談禪，其失豈小哉？」[31]

三則清人袁枚，其《小倉山房文集》云：「聖人無一日忘天下，子路能兵，冉有能足民，公西華能禮樂，倘明王復作，天下宗予，與二三子各行其志，則東周之復，期月而已可也。無如轍環天下，終於吾道之不行，不如沂水春風，一歌一浴，較浮海、居夷，其樂殊勝，蓋三子之言畢，而夫子之心傷矣，適曾點曠達之言泠然入耳，遂不覺嘆而與之，非果與聖心契合也。如果與聖心契合，在夫子當莞爾而笑，不當喟然而嘆。」[32]

三人所講角度雖略有不同，但皆能掌握孔子所問「如或知爾，則何以哉」之本旨，以及孔子用世濟人之初衷，其言中肯切實，宜為此章之確詁也。

結語

孔門唯二父子檔的父輩顏無繇、曾點皆為孔子早期的學生。按孔子開始設教時，年紀尚輕，聲望亦非甚高，但他們兩人即仰知孔子之道，而投至其門下。其後孔子周遊列國，兩人可能因家庭因素並未從行。及至孔子於十四年後返回魯國，兩人又投至門下。由此可以看出兩人對孔子的崇仰之情而樂於從教，也可以看出兩人嚮道好學之誠。

31 程樹德：《論語集釋·先進》，頁704。
32 程樹德：《論語集釋·先進》，頁704-705。

　　從上兩節依據有限傳世資料對顏無繇、曾點的介紹，可知顏無繇慈愛其子顏淵心意之深，遂不自覺的逾越分寸，請求孔子賣車以為其子置槨。其要求顯然冒失而有欠考慮，但經孔子委婉解說之後，則能知過而改，並未堅持，而具有不貳過的涵養。

　　至於曾點，行為或者偶有不守藩籬，不合禮法，或者脾氣暴躁，有失於狂之處。[33]但其不忮不求，做到朱熹所謂「即其所居之位，樂其日用之常」，雖無舍己從人之意，但也能無所忤於人，逍遙自在。故整體而言，頗為後世所贊賞。

　　綜上所述，可見顏無繇、曾點兩人之所行所為，雖然難免有小疵，但瑕不掩瑜，仍然值得後人尊敬，故《漢書・古今人表》皆將其列於上下智人之列。[34]不料王充《論衡》卻針對兩人說：

> 種類無常，故曾皙生參；氣性不世，顏路出回；古今卓絕。馬有千里，不必騏驎之駒；鳥有仁聖，不必鳳凰之雛；山頂之溪，不通江湖，然而有魚，水精自為之也。廢庭壞殿，基上草生，地氣自出之也。按溪水之魚，殿基上之草，無類而出，瑞應之自至，天地未必有種類也。[35]

　　另外針對顏無繇道：

33　請參註26，《禮記・檀弓下》及《韓詩外傳》、《說苑・建本》所引述者。

34　班固撰，顏師古注：《漢書・古今人表》（臺北：藝文印書館，據光緒庚子日長沙王氏校刊本《漢書補注百卷》影印，1958年），頁376-377。按《漢書・古今人表》將漢代以前人物（不包括漢人）先分為上、中、下三等，再細分為上上、上中、上下；中上、中中、中下；下上、下中、下下九等。其中上上為聖人，上中為仁人，上下為智人；中上至下中為中人；下下則為愚人。

35　王充：《論衡・講瑞篇》，見《新編諸子集成》（臺北：世界書局，1972年），第7冊，頁166。

顏路庸固，回傑超倫。[36]

又針對曾皙道：

父兄不慈，孝弟乃章。舜有瞽瞍，參有曾皙，孝立名成，眾人
稱之。如無父兄，父兄慈良，無章顯之效，孝弟之名無所見
矣。[37]

言下之意，明顯的認為顏無繇之有子顏回，曾點之有子曾參，乃「歹
竹出好筍」。雖其用意可能在揄揚顏回、曾參，但以貶抑二人之父輩
來墊高其成就，並不可取，亦萬難為子輩之顏回、曾參接受。按王充
之著《論衡》，以疾虛妄自許，[38]但對顏無繇、曾點的評論，竟陷於虛
妄而不自知，可見評人論事之非易。

顏無繇、曾點在孔門之中，一方面乃較少見的孔子早期學生，其
後兩人追隨孔子雖有間斷，但在孔子晚年仍隨侍於側，可見其對孔子
的尊崇。二方面為孔門極少見之父子檔的父輩，其作為子輩的顏回、
曾參之所以成為孔門的高弟，推想必然有父輩的影響。三方面兩人之
所言所行，雖然記載有限，但仍可看出固然有未盡理想之處，或為夭
亡之子請槨，或浴沂風雩而逍遙自樂，但都能表現出各自的真性情，
而可以為吾人認取也。

——原發表於二○二一年四月廿八日《孔孟月刊》第五
十九卷第七、八期。

---

36 王充：《論衡·自紀篇》，見《新編諸子集成》，第7冊，頁288。

37 王充：《論衡·定賢篇》，見《新編諸子集成》，第7冊，頁264-265。

38 王充：《論衡·佚文篇》：「《詩》三百，一言以蔽之，曰：『思無邪。』《論衡》篇以
十數，亦一言也，曰：『疾虛妄。』」見《新編諸子集成》，第7冊，頁202。

參　謙抑自持，作風低調的孔門高弟閔子騫

前言

　　對大多數的人而言，之所以識知閔子騫，並不是因為他乃孔門四科十哲之一，而是他列名於二十四孝之中。其實孔子弟子名列二十四孝者，除閔子騫以外，還有子路、曾子，但一般人對子路、曾子兩人的認識，主要來自於《論語》的記載。所以會有如此大的不同，推想原因有二：一為傳說中二十四孝所述閔子騫的事跡比較具有故事性，而且切合傳統社會中的某種親子關係，即後母虐待前妻子之事，容易激起大家的同情心。[1] 二為《論語》對閔子騫的記載極少，除與他人合併記述者外只有三章。之所以會有此兩項差異，關鍵可能在於閔子騫的低調行事風格。

　　本文旨在依據《論語》中對閔子騫的有限記載，並輔以其他先秦兩漢文獻中為數極少的相關資料，闡述閔子騫的涵養。既可以看出他

1　《二十四孝》中，閔子騫的故事為「單衣順母」，見本文「二、閔子騫志行綜述（一）孝友」所引。曾子的故事為「齧指心痛」：「曾子事母至孝，嘗採薪山中，家有客至，母無措，乃齧其指，曾子忽心痛，負薪以歸。跪問其故，母曰：『有急客至，吾齧指以悟汝爾。』」子路的故事為「為親負米」：「子路家貧，常食藜藿之食，為親負米於百里之外。親歿，南遊於楚。從車百乘，積粟萬鍾，累裀而坐，列鼎而食。乃嘆曰：『雖欲食藜藿之食，為親負米，不可得也。』」兩人故事之情節皆乏曲折，故較少為人傳誦。三人故事皆見清・瞿中溶校：《校正今文孝經二十四孝考・二十四孝圖說》（臺北：廣文書局，1981年），頁3-5。

為人處事的謙抑內斂，了解他聲名原來並不甚顯的緣故；也可以推知
他之所以列名孔門四科中的德行科，確實有其依據；凡此皆有助於讀
者對閔子騫志行的了解。

閔子騫志行綜述

《論語》所載有關閔子騫之言行計有五章，前兩章皆與他人合併
敘述，都出現於〈先進〉，後三章單獨敘述，分見於〈雍也〉與〈先
進〉，但不論與他人合併敘述或單獨敘述，皆可看出閔子騫的志行。

閔子騫與他人合併敘述者，一則曰：

> 子曰：「從我於陳、蔡者，皆不及門也。」德行：顏淵、閔子
> 騫、冉伯牛、仲弓。言語：宰我、子貢。政事：冉有、季路。
> 文學：子游、子夏。[2]

由是可見閔子騫乃孔門四科十哲中德行科的高弟。

再則曰：

> 閔子侍側，誾誾如也；子路，行行如也；冉有、子貢，侃侃如
> 也。子樂，「若由也，不得其死然。」[3]

誾誾，〈鄉黨〉「（孔子）與上大夫言，誾誾如也」下，朱熹《論語集

---

2 朱熹：《論語集注‧先進》，見朱熹：《四書章句集注》（臺北：大安出版社，2005
   年），頁169。

3 朱熹：《論語集注‧先進》，見朱熹：《四書章句集注》，頁173。

注》引《說文解字》曰：「誾誾，和悅而諍也。」[4]意指態度溫和，口氣委婉，但能正直勸諫，顯然與德養密切關聯。

　　由以上與他人合併敘述的兩章，可以看出閔子騫涵養的一斑，但閔子騫究竟有哪些值得令人稱道的，德行方面的具體表現？則可以從單獨敘述的三章，以及《論語》之外的其他記載見之。茲分別引述闡發如下。

（一）孝友

　　《論語・先進》記載：

　　　子曰：「孝哉閔子騫！人不間於其父母昆弟之言。」[5]

　　歷來《論語》的主要注家皆以為閔子騫事父母、順兄弟皆得其宜，具有孝友之實，故孔子稱讚之，包括何晏《論語集解》、皇侃《論語義疏》、邢昺《論語注疏》、朱熹《論語集注》、劉寶楠《論語正義》皆然。至於其孝友的具體行為表現為何？先秦兩漢之書皆無記載，如《史記・仲尼弟子列傳》僅稱：「閔損，字子騫，少孔子十五歲。孔子曰：『孝哉閔子騫，人不間於其父母昆弟之言。』……」[6]《孔子家語・七十二弟子解》也只說：「閔損，魯人，字子騫，以德行著名，孔子稱其孝焉。」[7]直到唐朝歐陽詢等編《藝文類聚・孝

4　朱熹：《論語集注・鄉黨》，見朱熹：《四書章句集注》，頁158。

5　朱熹：《論語集注・先進》，見朱熹：《四書章句集注》，頁170。

6　司馬遷撰，裴駰集解，司馬貞索隱，張守節正義：《史記・仲尼弟子列傳》（臺北：藝文印書館，據清乾隆武英殿刊本景印，1958年），頁878。

7　王肅注：《孔子家語・七十二弟子解》，見《新編諸子集成》（臺北：世界書局，1972年），第2冊，頁87。

部》引漢・劉向《說苑》、[8]宋朝李昉等編《太平御覽》引南朝宋・師覺授《孝子傳》，隨後遞經演變而為《二十四孝》中的「單衣順母」故事，其文曰：

> 閔子早喪母，父娶後母，生二子，衣棉絮，妒閔子，衣以蘆花。父令閔子御車，因寒失靷，父察知故，欲出後母。閔子曰：「母在一子寒，母去三子單。」母聞，悔改。[9]

　　《說苑》、《孝子傳》、《二十四孝》所載閔子騫孝友的情況略同，但細節則有差異。如閔子騫生母、後母所生兒子人數，有「閔子騫兄弟二人，母死，其父更娶，後有二子。……子騫前曰：『母在一子單，母去四子寒。』……故曰『孝哉閔子騫，一言其母還，再言三子溫。』」（劉向《說苑》）「大人有一寒子，猶尚垂心，若遣母，有二寒子也。」（師覺授《孝子傳》）「閔子曰：『母在一子寒，母去三子單。』」（《二十四孝》）亦即閔子騫同父異母兄弟有二人、三人、四人的不同。另如閔子騫所穿無法禦寒衣服的材料也有差異，清・瞿中溶校《二十四孝考》即云：「《說苑》但言閔子衣甚單，後母兒衣甚厚。《孝子傳》則言損衣皆藁枲為絮，其子綿纊甚厚。攵枲即麻也，藁枲，蓋又麻之粗而枯敗者，故不溫。今《二十四孝》文乃改為蘆花，世俗因有傳奇演其事，名《蘆花記》。」[10]

　　綜上所述，可以推知《二十四孝》中閔子騫「單衣順母」的故事，極有可能乃後人所編造，而未可盡信。[11]但因其情節曲折而感

8　按今本劉向《說苑》並無《藝文類聚・孝部》所引之文，不知其所據為何？
9　瞿中溶校：《校正今文孝經二十四孝考》，頁4。
10　瞿中溶校：《校正今文孝經二十四孝考》，頁27。
11　清・呂留良《論語講義》：「俗傳閔子故事，不知其有無其情事？語句俱鄙俚，必非

人，也與傳統社會後母虐待前妻子之事相符，而閔子騫能以恕道感動後母，使其父收回休妻之念，造成大團圓結局，更能深得人心，因而廣為流傳，甚至於被列為童蒙教材，以為推行教化之助，而閔子騫乃因此幾成家喻戶曉之人物。

（二）恬淡

《論語・雍也》記載：

> 季氏使閔子騫為費宰。閔子騫曰：「善為我辭焉。如有復我者，則吾必在汶上矣。」[12]

「善為我辭焉」，語氣委婉。「如有復我者，則吾必在汶上矣」，汶水在齊、魯邊境，意謂將逃齊以避之，可見其心意之堅決。所謂「閔子侍側，誾誾如也」，此其證也。閔子騫之淡泊名利而能慎於出處進退，由此可見一斑。是故《史記・仲尼弟子列傳》稱其「不仕大夫，不食汙君之祿。」[13]其實閔子騫並非一開始即能視名利如浮雲，而是

春秋時記載，學者固不得據此以論閔子之孝，然此中卻足發人倫情理之變。世間後母之不慈固多，然極惡不可感化者亦無幾，只是為子者未必能盡其道耳。」見呂留良撰，陳鏦編次：《呂晚村先生四書講義》，卷14，頁2，收入嚴靈峰輯：《無求備齋論語集成》（臺北：藝文印書館，1966年），第20函。另清・崔述《洙泗考信餘錄》：「大抵三代以上，書缺實多，事難詳考，後之好事者各自以其意附會之。然使其母果有是事，稱之可也。倘原無是事，則是欲稱閔子之孝，反至大傷閔子之心，其失不亦大乎？孔子稱閔子之孝，吾知閔子之孝而已，閔子之所以為孝，吾不得而知也。吾不知閔子之所以為孝，無害於閔子之為孝也。」見崔述撰著，顧頡剛編訂：《崔東壁遺書》（上海：上海古籍出版社，1983年），頁375。兩人皆不以為《二十四孝》等所載為實錄，改從倫理教化角度立論，確有見地。

12 朱熹：《論語集注・雍也》，見朱熹：《四書章句集注》，頁116。

13 司馬遷撰，裴駰集解，司馬貞索隱，張守節正義：《史記・仲尼弟子列傳》，頁878。

在成學過程中，經過一番義利交戰，在師友的薰陶下，才具備此種涵養，《韓詩外傳》曾載：

> 閔子騫始見於夫子，有菜色，後有芻豢之色。子貢問曰：「子始有菜色，今有芻豢之色，何也？」閔子曰：「吾出蒹葭之中，入夫子之門，夫子內切瑳以孝，外為之陳王法，心竊樂之；出見羽蓋龍旂，旃裘相隨，心又樂之。二者相攻胸中而不能任，是以有菜色也。今被夫子之教寖深，又賴二三子切瑳而進之，內明於去就之義，出見羽蓋龍旂，旃裘相隨，視之如壇土矣，是以有芻豢之色。」《詩》曰：「如切如瑳，如錯如磨。」[14]

一開始因理、欲交戰於心，故形容枯槁而有菜色，其後因師友之教導、切磋，明白去就之道，理勝於欲，故能視富貴如糞土，心中坦然無礙，因而面色紅潤，神采煥發。

對閔子騫的這種涵養，朱熹《論語集注》曾引謝良佐之言曰：「學者能少知內外之分，皆可以樂道而忘人之勢。況閔子得聖人為之依歸，彼其視季氏不義之富貴，不啻犬彘。又從而臣之，豈其心哉？」[15]王夫之《四書訓義》也對閔子騫的清高自持，深表敬佩，曰：「嗚呼！若子騫者，不特不肯仕於私門，且視私門之命，若浼己之深，而誓不再聞之。蓋秉大正以自裁於出處義利之間，辨之審矣。此所以為德行之選歟！」[16]兩人之評論皆可以直探閔子騫的心志，益發顯示閔子騫

---

14 韓嬰撰，許維遹校釋：《韓詩外傳集釋》（北京：中華書局，2005年），頁36-37。

15 朱熹：《論語集注‧雍也》，見朱熹：《四書章句集注》，頁116。

16 王夫之：《四書訓義‧論語‧雍也》，收入《船山遺書全集》（臺北：中國船山學會、自由出版社，1972年），第8冊，頁4535-4536。

之所以能列名於孔門四科中的德行科，確屬實至名歸。[17]

（三）簡約

《論語·先進》記載：

> 魯人為長府。閔子騫曰：「仍舊貫，如之何？何必改作？」子曰：「夫人不言，言必有中。」[18]

　　所謂「為長府」之「為」所指為改建或擴建。「長府」所指為何？歷來注家說法不一，一說為藏財貨之府庫名，自何晏《論語集解》、皇侃《論語義疏》、邢昺《論語注疏》以至朱熹《論語集注》等主之；二說為官府名，杜預《左傳·昭公二十年》注、劉寶楠《論語正義》主之；三說為錢幣名，王夫之《論語稗疏》主之；以第一說較為多人採從。

　　至於為何要改建或擴建長府，各家說法亦不一，有謂魯君為增加稅收，囤積財貨而為之；有謂魯君為建立據點，剷除掌權大夫而為之；有謂魯君意欲藉改幣，坐收其利而為之；然皆無確證。但不論其動機為何，皆將加重百姓之負擔，故閔子騫站在為人民設想的立場，反對其事而主張「仍舊貫」。

　　按閔子騫的看法，與孔子所云「道千乘之國，……節用而愛人」[19]

17　然據《孔子家語·執轡》記載：「閔子騫為費宰，問政於孔子。子曰：『以德以法。夫德、法者，御民之具，猶御馬之有銜、勒也。君者人也，吏者轡也，刑者策也；夫人君之政，執其轡、策而已』……」則閔子騫曾任費宰，與《論語·雍也》所載不符。惟細審其所述孔子答復閔子騫問政之語，顯已帶有濃厚的法家思想，所記並不可信。《孔子家語》所載，見《新編諸子集成》，第2冊，頁60。

18　朱熹著《論語集注·先進》，見朱熹：《四書章句集注》，頁173。

19　朱熹：《論語集注·學而》，見朱熹：《四書章句集注》，頁63。

的主張相符。也與孔子不認同季康子欲以田賦（按田畝增收賦稅），[20]
如《論語・先進》所載「季氏富於周公，而求也為之聚斂而附益之。
子曰：『非吾徒也。小子鳴鼓而攻之可也。』」[21]態度亦相一致。故為
孔子讚賞，認為他不言則已，言則中肯而合乎治國理民的要道。

　　除根據《論語》所載歸納而出的上述三點以外，其他先秦兩漢著
作中尚有述及閔子騫之少數資料，茲引述並歸結如下。

（四）循禮

　　《說苑・修文》記載：

> 子夏三年之喪畢，見於孔子，孔子與之琴，使之弦，援琴而
> 弦，衎衎而樂，作而曰：「先生制禮，不敢不及也。」孔子
> 曰：「君子也。」閔子騫三年之喪畢，見於孔子，孔子與之
> 琴，使之弦，援琴而弦，切切而悲，作而曰：「先生制禮，不
> 敢過也。」孔子曰：「君子也。」子貢問曰：「閔子哀不盡，子
> 曰君子也；子夏哀已盡，子曰君子也。賜也惑，敢問何謂？」
> 孔子曰：「閔子哀未盡，能斷之以禮，故曰君子也；子夏哀已
> 盡，能引而致之於禮，故曰君子也。夫三年之喪，固優者之所
> 屈，劣者之所勉。」[22]

所述為子夏於服父母三年之喪完畢前，哀傷之情早已平復，但不敢逾

20　《國語・魯語下》：「季康子欲以田賦，使冉有訪諸仲尼。仲尼不對。私於冉有曰：
　　『……若欲犯法，則苟而賦，又何訪焉？』」見左丘明著，韋昭注：《國語》（臺
　　北：九思出版社，1978年），頁218。

21　朱熹：《論語集注・先進》，見朱熹：《四書章句集注》，頁174。

22　劉向：《說苑・修文》，見《中國子學名著集成珍本初編》（臺北：中國子學名著集
　　成編印基金會，據清《漢魏叢書》本影印，1978年），第26冊，頁619-620。

越禮制，直到孔子給他琴要他彈奏以後，他才彈琴作樂，顯現怡悅的
心情。至於閔子騫雖然服父母三年之喪已經完畢，哀傷之情並未完全
平復，故當孔子給他琴要他彈奏時，他不敢逾越禮制，只好勉力彈
琴，但不免流露出哀傷的心情。[23]此不僅可以推知閔子騫孝親之情的
深篤，更可顯現他謹守禮制的涵養。

　　除此之外，《春秋公羊傳・宣公元年》又有一段記載：

> 古者臣有大喪，則君三年不呼其門。已練，可以弁冕，服金革
> 之事。君使之，非也；臣行之，禮也。閔子要絰而服事，既而
> 曰：「若此乎！古之道，不即人心。」退而致仕。孔子蓋善之
> 也。[24]

此謂人臣遭遇父母之喪，國君原則上不在其守喪期間委以重任，但在
練祭（死亡滿周年之祭）以後，如有保國衛民的需要，人臣可以執干
戈以衛社稷。若此情形，國君不顧人臣之守喪，命其從戎，嚴格而言，
並不合禮；但人臣公爾忘私，從戎保國，則合乎禮制。閔子騫即曾在
父母練祭後穿戴喪服（要絰：服喪時繫於腰間的麻帶）擔任武職，不
過他後來想到如此作為雖合乎古禮，但並不近人情，因而在事後即辭
職而去。此舉既合乎禮制，也顧及親子之情，因而很受孔子肯定。

---

23 惟據《禮記・檀弓上》所載：「子夏既除喪而見，予之琴，和之不和，彈之而不成
　聲，作而曰：『哀未忘也。先王制禮，而弗敢過也。』子張既除喪而見，予之琴，
　和之而和，彈之而成聲，作而曰：『先王制禮，不敢不至焉。』」可見子夏與閔子騫
　皆為服喪期滿，哀猶未盡，勉力彈琴者，與此所載不同。見鄭玄注，孔穎達疏：
　《禮記正義・檀弓上》（臺北：藝文印書館，據清嘉慶二十年江西南昌府學開雕本
　影印，1955年），頁135。
24 何休解詁，徐彥疏、刁小龍整理：《春秋公羊傳注疏・宣公第十五》（上海：上海古
　籍出版社，2014年），頁606-607。

按以上二事雖然未必完全可信，但有此記載，則並非絕對無因而致，亦可以由此而推知閔子騫對於遵循禮制的重視。

結語

從上舉閔子騫志行綜述四端：孝友、恬淡、簡約、循禮，可以看出他之所以屢蒙孔子稱讚，且列名於孔門德行科，表面上看來，似乎是由於多方面的良好表現，唯深入探究，當不難發現四端實具有一共同特點，此即閔子騫性格的謙抑內斂，顯現其行事之低調。

就孝友而言，《論語》僅記載孔子讚賞閔子騫具有孝順父母、友愛兄弟之德，至於具體表現為何，則並未說明。唐、宋以後始遞經演變而形成《二十四孝》中的「單衣順母」故事。其情節雖未必盡符實情，但描述閔子騫即使受後母虐待，卻能始終隱忍不發；及至真相大白，則因顧念兄弟可能頓失所依，故極力為後母求情。其所行所為必然感動父母兄弟，確實如同孔子所言「人不間於其父母昆弟之言」，而其行事之低調也於焉可見。

就恬淡而言，閔子騫身處天下滔滔的混亂世局中，為明哲保身，秉持「不仕大夫，不食汙君之祿」的原則，拒絕魯國掌權大夫季氏的延攬。語氣雖然委婉，但態度則十分堅定，既不趨炎附勢，但也不藉此而自鳴清高，由此亦可見其低調的行事風格。

就簡約而言，閔子騫雖然反對魯人改作長府，但表述其意見時，曰「仍舊貫，如之何？何必改作？」所採為商量的口氣，而非激烈反對，甚或抨擊的態度。由此可見其低調而不張揚的作風。

就循禮而言，閔子騫於守喪期滿後，雖然餘哀仍在，但孔子給他琴要他奏樂後，他乃以禮制為準，並不抗拒而彈琴作樂。雖然琴音流露出悲淒之情，仍勉力彈奏完畢，而非任情而排拒，故為孔子稱許為

君子。另外，他在守喪僅一年之後，即奉國君之命從戎以保國，但於達成任務後，即順應心情，辭官而去，同樣得到孔子的肯定。就此兩事，皆可見其既謹守禮制，然而卻能在禮制許可的範圍內，順應感情，亦可見其低調平易的作風。

　　《孟子・公孫丑上》記載，孟子於答復公孫丑請教知言、養氣問題時，曾將同列孔門德行科的顏淵、閔子騫、冉伯牛相提並論，說：「冉牛、閔子、顏淵善言德行，孔子兼之。」又說：「昔者竊聞之：子夏、子游、子張皆有聖人之一體，冉牛、閔子、顏淵則具體而微。」[25]三人之中，冉牛之志行如何，因《論語》所載，僅有其因染疾而孔子前往探視一事，故頗不易看出。[26]至於屢蒙孔子讚賞的顏淵，則自述其志時，說：「願無伐善，無施勞。」[27]可見其行事頗低調，具有謙抑內斂的性格。準此以觀，閔子騫之行事及性格與之相近，故亦屢為孔子賞識，皆屬已具備整體，但造詣仍有待精進之「具體而微」的聖人，因此名列四科十哲之中，而為孔門德行科的高弟。

　　　　——原發表於二○二一年六月廿八日《孔孟月刊》第五十九卷第九、十期。

25　朱熹：《孟子集注・公孫丑上》，見朱熹：《四書章句集注》，頁319。

26　《論語》所載冉伯牛之事，除〈先進〉所述四科十哲以外，僅〈雍也〉：「伯牛有疾，子問之，自牖執其手，曰：「亡之，命矣夫！斯人也而有斯疾也！斯人也而有斯疾也。」見朱熹：《四書章句集注》，頁116。

27　朱熹：《論語集注・公冶長》：「顏淵、季路侍。子曰：『盍各言爾志？』……顏淵曰：『願無伐善，無施勞。』」見朱熹：《四書章句集注》，頁111。

肆　孔門後進弟子澹臺滅明之操行及其南傳儒學述略
——附論為澹臺滅明之相貌辨誣

前言

　　魯哀公十六年（西元前479），孔子溘然長逝，享壽七十三。弟子們頓失所依，雖然有人提議在同學中推舉人擔任老師，但以並未獲得普遍認同而作罷。[1]再加上弟子們個性不同[2]，才能不同[3]，志向不同[4]，

1　《孟子‧滕文公上》：「昔者孔子沒……他日，子夏、子張、子游以有若似聖人，欲以所事孔子事之，彊曾子。曾子曰：『不可。江漢以濯之，秋陽以暴之，皜皜乎不可尚已。』」曾子之言，朱熹集注云：「江漢水多，言濯之潔也。秋日燥烈，言暴之乾也。皜皜，潔白貌。尚，加也。言夫子道德明著，光輝潔白，非有若所能彷彿也。」雖然朱熹又曰：「或曰：『此三語者，孟子贊美曾子之辭也。』」但以上下文意觀之，應以前一解「言夫子道德明著，光輝潔白。」較為適切。見朱熹：《四書章句集注》（臺北：大安出版社，2005年），頁361。另《史記‧仲尼弟子列傳》：「孔子既沒，弟子思慕，有若狀似孔子，弟子相與共立為師，師之如夫子時也。他日，弟子進問曰……（連問兩問題，文長，不具引。）有若默然無以應。弟子起曰：『有子避之，此非子之座也！』」見司馬遷撰，裴駰集解，司馬貞索隱，張守節正義《史記‧仲尼弟子列傳》（臺北：藝文印書館，據清乾隆武英殿刊本景印，1958年），頁886。

2　如《論語‧先進》：「子曰：『師也過，商也不及。』」（朱熹集注：「子張才高意廣，而好為苟難，故常過中。子夏篤信謹守，而規模狹隘，故常不及。」）又：「柴也愚，參也魯，師也辟，由也喭。」（朱熹集注：「柴，孔子弟子，姓高，字子羔。愚者，知不足而厚有餘。」「魯，鈍也。」又引程子曰：「曾子之學，誠篤而已。」「辟，便辟也。謂習於容止，少誠實也。」「喭，粗俗也。」又「子曰：『求也退，故進之；由也兼人，故退之。』」（朱熹集注：「兼人，謂勝人也。」）皆屬其例。均見朱熹：《四書章句集注》，頁174、175、176。

對事的見解也不同，甚至還互相批評。[5]在群龍無首，又彼此在多方面差異的狀況下，只好分道揚鑣，各奔前程。故《史記・儒林列傳》載：

> 自孔子卒後，七十子之徒散游諸侯，大者為師傅卿相，小者友教士大夫，或隱而不見。故子路居衛，子張居陳，澹臺子羽居楚，子夏居西河，子貢終於齊。[6]

---

3 如《論語・公冶長》：「子曰：『由也，千乘之國，可使治其賦也。⋯⋯』⋯⋯『求也，千室之邑，百乘之家，可使為之宰也。⋯⋯』⋯⋯『赤也，束帶立於朝，可使與賓客言也。⋯⋯』」又《論語・雍也》：「子曰：『由也果，⋯⋯』⋯⋯曰：『賜也達，⋯⋯』⋯⋯曰：『求也藝。⋯⋯』⋯⋯。皆屬其例。均見朱熹：《四書章句集注》，頁104、115-116。

4 如《論語・公冶長》：「顏淵、季路侍。子曰：『盍各言爾志？』子路曰：『願車馬、衣輕裘，與朋友共。敝之而無憾。』顏淵曰：『願無伐善，無施勞。』⋯⋯」又如《論語集注・先進》：「子路、曾皙、冉有、公西華侍坐。子曰：『以吾一日長乎爾，毋吾以也。居則曰：「不吾知也。」如或知爾，則何以哉？』子路率爾而對曰：『千乘之國，攝乎大國之間，加之以師旅，因之以饑饉。由也為之，比及三年，可使有勇，且知方也。』⋯⋯『求！爾何如？』對曰：『方六七十，如五六十，求也為之，比及三年，可使足民，如其禮樂，以俟君子。』『赤！爾何如？』⋯⋯對曰：『非曰能之，願學焉。宗廟之事，如會同，端章甫，願為小相焉。』『點！爾何如？」⋯⋯曰：『莫春者，春服既成。冠者五六人，童子六七人，浴乎沂，風乎舞雩，詠而歸。』⋯⋯」皆屬其例。均見朱熹：《四書章句集注》，頁111、179。

5 如《論語・子張》：「子夏之門人問交於子張。子張曰：『子夏云何？』對曰：『子夏曰：「可者與之，其不可者拒之。」』子張曰：『異乎吾所聞：君子尊賢而容眾，嘉善而矜不能。我之大賢與，於人何所不容？我之不賢與，人將拒我，如之何其拒人也？』」此見子夏、子張對交友態度之不同。又如《論語・子張》：「子游曰：『子夏之門人小子，當灑掃、應對、進退，則可矣。抑末也，本之則無。如之何？』子夏聞之曰：『噫！言游過矣！君子之道，孰先傳焉？孰後倦焉？譬諸草木，區以別矣！君子之道，焉可誣也？有始有卒者，其惟聖人乎！』」此見子游、子夏對問學的本末先後看法不同。又如：《論語・子張》：「子游曰：『吾友張也，為難能也。然而未仁。』」又：「曾子曰：『堂堂乎張也，難與並為仁矣。』」此可見子游、曾子對子張的批評。均見朱熹：《四書章句集注》，頁263、265、267、267。

6 司馬遷撰，裴駰集解，司馬貞索隱，張守節正義：《史記・儒林列傳》，頁1273。

《漢書‧儒林傳》也有類似的記載。[7]

在此記載中，可以發現孔門諸弟子於孔子卒後，散至四方，惟不論在衛、在陳、在西河，以至於在齊，皆位於北方，只有澹臺滅明（字子羽）到達南方的楚。

按澹臺滅明雖然也是孔子弟子，但在《論語》中僅出現一次，先秦兩漢的文獻對他的記載也很有限，甚至還有錯謬。相較於孔門的其他弟子，可謂毫無籍籍之名，但《史記》、《漢書》的儒林傳卻將他與孔門高弟子路、子張、子夏、子貢等並列同敘，原因何在？又他之「居楚」，所為何來？凡此皆屬頗值得我們探究者。

本文即在運用有限的資料，了解澹臺滅明操行的大概，並闡明他「居楚」的用意乃在於南傳儒學，並進而分析他之南傳儒學雖屬難能，但成效似屬有限，究竟原因為何？另外相關文獻對他的記載雖然甚少，卻有以訛傳訛之處，乃順此機會澄清，以還其本來面目。

一　澹臺滅明操行概述

前已言之，澹臺滅明在孔門弟子中名聲並不甚顯，但因他的操行等同於受到孔子肯定，[8]後來他又將儒學南傳，是故《史記‧仲尼弟子列傳》、《孔子家語‧七十二弟子解》對他皆有記述。《史記‧仲尼弟子列傳》云：

7　《漢書‧儒林傳》：「仲尼既沒，七十子之徒散遊諸侯，大者為卿相師傅，小者友教士大夫，或隱而不見。故子張居陳，澹臺子羽居楚，子夏居西河，子貢終於齊。」見班固撰，顏師古注：《漢書》（臺北：藝文印書館，據光緒庚子春日長沙王氏校刊本影印，1958年），頁1543。

8　據《論語‧雍也》所載，孔子到弟子子游任邑宰的武城，詢問子游是否得人？子游即以澹臺滅明對，並對他有所稱許，其後孔子乃因此機緣收澹臺滅明為弟子，由是可以推知孔子對他應該有所肯定。

澹臺滅明，武城人，字子羽。少孔子三十九歲。狀貌甚惡。欲事孔子，孔子以為材薄。既已受業，退而修行，行不由徑，非公事不見卿大夫。南遊至江，從弟子三百人，設取予去就，名施乎諸侯。孔子聞之，曰：「吾以言取人，失之宰予；以貌取人，失之子羽。」[9]

《孔子家語·七十二弟子解》則云：

澹臺滅明，武城人，字子羽。少孔子四十九歲，有君子之姿，孔子嘗以容貌望其才，其才不充孔子之望。然其為人公正無私，以取予去就以諾為名。仕魯為大夫。[10]

　　兩書所記，有年齡、容貌、成就等方面的不同。就年齡而言，當以《史記》為近是，否則孔子死時，澹臺滅明才二十四歲，而能帶領弟子三百人南遊宣教，且名揚諸侯，似不符情理。就容貌而言，《史記》、《孔子家語》應皆有誤，本文第四節當辨明之。至於成就，《史記》所記時代顯然錯謬。[11]《孔子家語》則與《史記》、《漢書》所載皆不同，似未必正確。[12]

　　據《論語·陽貨》記載，孔子到弟子子游任邑宰的武城（今山東

9　司馬遷撰，裴駰集解，司馬貞索隱，張守節正義：《史記·仲尼弟子列傳》，頁883。

10　王肅注：《孔子家語·七十二弟子解》，見《新編諸子集成》（臺北：世界書局，1972年），第2冊，頁88。

11　司馬遷將澹臺滅明之「行不由徑」繫於受教於孔子之後的修行所得；又將澹臺滅明之「南遊至江」繫於孔子生前。參驗《論語·雍也》及《史記》、《漢書》兩書之儒林傳所載，皆可證司馬遷之失察。

12　《孔子家語》並未述及澹臺滅明居楚之事，反而稱他「仕魯為大夫也」，與《史記》、《漢書》之儒林傳所載並不合。

省德州市之屬縣），聽聞絃歌之聲，雖然戲言子游「殺雞焉用牛刀」，其實內心頗為欣慰，而對子游引用自己「君子學道則愛人，小人學道則易使也」之言以答覆，非常讚許，而曰「偃之言是也。」[13]

可能就因為此次的機緣，孔子詢問子游是否得人？子游即以澹臺滅明回應：

> 子游為武城宰。子曰：「女得人焉爾乎？」曰：「有澹臺滅明者，行不由徑。非公事，未嘗至於偃之室也。」[14]

此為《論語》所載與澹臺滅明有關的僅有一章。這一章雖然簡短，卻能言少意賅的把澹臺滅明的操守與行事風格生動的描述出來。多位《論語》的主要注家即針對此紹述而盛讚澹臺滅明，如何晏《論語集解》引包氏曰：「言其公且方也。」[15]邢昺《論語注疏》引申道：「此言其人之德也。行遵大道，不由小徑，是方也。若非公事未嘗至於偃之室，是公也。公且方，故以為得人。……云言其公且方者，公，無私也；方，正直也。」[16]朱熹《論語集注》亦云：「不由徑，則動必以正，而無見小、欲速之意可知。非公事不見邑宰，則其有以自守，而無枉己殉人之私可見矣。」[17]又引楊時之語並下己見曰：「楊氏曰：『為政以人才為先，故孔子以得人為問。如滅明者，觀其二事之小，而其正大之情可見矣。後世有不由徑者，人必以為迂；不至其

13　朱熹：《論語集注‧雍也》，見朱熹：《四書章句集注》，頁246-247。

14　朱熹：《論語集注‧雍也》，見朱熹：《四書章句集注》，頁118。

15　何晏集解，皇侃義疏：《論語集解義疏‧雍也》（臺北：廣文書局，1977年），頁193。

16　何晏注，邢昺疏：《論語注疏‧雍也》（臺北：藝文印書館，據清嘉慶二十年江西南昌府學開雕本影印，1955年），頁53。

17　朱熹：《論語集注‧雍也》，見朱熹：《四書章句集注》，頁118。

室，人必以為簡。非孔氏之徒，其孰能知而取之？」愚謂持身以滅明
為法，則無苟賤之羞；取人以子游為法，則無邪媚之惑。」[18]皆能由
小而見大，盛讚澹臺滅明之操行也。

除《論語》所載以外，《大戴禮記・衛將軍文子》載云：

> （子貢對曰）貴之不喜，賤之不怒，苟於民利矣，廉於其事上
> 也，以佐其下，是澹臺滅明之行也。孔子曰：「獨貴獨富，君
> 子恥之，夫也中之矣。」[19]

所謂「獨富獨貴，君子恥之」，亦可以顯現澹臺滅明之公正無私，而
以利民、佐下為其職志，宜乎為孔子所肯認也。

二　澹臺滅明之南傳儒學及其成效試析

前引《史記》、《漢書》之儒林傳，皆稱「澹臺子羽居楚」，他居
楚之目的何在？《史記・仲尼弟子列傳》云：

> （澹臺滅明）南游至江，從弟子三百人，設取予去就，名施乎
> 諸侯。[20]

---

18 朱熹：《論語集注・雍也》，見朱熹：《四書章句集注》，頁118。

19 方向東：《大戴禮記匯校集解・衛將軍文子》（北京：中華書局，2008年），頁645–
646。案王肅注：《孔子家語・弟子行》亦載有其事，惟文字略有差異，「廉於其事
上也，以佐其下」作「廉行行己，其事上也以佑其下」，「其事上也以佑其下」王肅
注云：「言所以事上，乃欲佑助其下也。」「夫也中之矣」王肅注云：「夫，謂滅
名。中，猶當也。」見《新編諸子集成》，第2冊，頁28。

20 司馬遷撰，裴駰集解，司馬貞索隱，張守節正義：《史記・仲尼弟子列傳》，頁883。

　　《孔子家語・七十二弟子解》雖然並未提到澹臺滅明「居楚」或「南游至江」，但也說他「以取予去就以諾為名。仕魯為大夫也。」[21]皆可見澹臺滅明之所重乃在「取予去就」，亦即在面臨得失時所應堅持的操守，故其所傳布的儒道乃在於為人處世的準則。但所謂取予去就之間，並無固定的準則，必須配合各種狀況，審時度勢，妥加拿捏；而其成效如何，亦頗難以評估。即此而論，澹臺滅明之南傳儒學，雖然說其結果是「名施乎諸侯」，但實際效果究竟如何？則並無任何文獻可徵。

　　按孔子死後，儒學已趨式微，故《史記・儒林列傳》云：

> 孔子卒後，七十子之徒散游諸侯，……後陵遲以至于始皇，天下並爭於戰國，儒術既絀焉。然齊魯之間，學者獨不廢也。於威、宣之際，孟子、荀卿之列，咸遵夫子之業而潤色之，以學顯於當世。[22]

《漢書・儒林傳》也有類似之言，[23]但「儒術既絀焉」，雖「齊魯之間，學者獨不廢也」，「於威、宣之際，孟子、孫卿之列，咸遵夫子之業而潤色之，以學顯於當世。」然則地域僅在「齊魯之間」，時代只限「（齊）威、宣之際」，人物唯有「孟子、荀子之列」。再依孟子所言「聖王不作，諸侯放恣，處士橫議，楊朱、墨翟之言盈天下。天下之言，不歸楊，則歸墨。」[24]皆可見儒學顯然已趨沒落。

21　王肅注：《孔子家語・七十二弟子解》，見《新編諸子集成》，第2冊，頁88。

22　司馬遷撰，裴駰集解，司馬貞索隱，張守節正義：《史記・仲尼弟子列傳》，頁1273。

23　《漢書・儒林傳》：「仲尼既沒，七十子之徒散遊諸侯，……天下並爭於戰國，儒術既黜焉，然齊魯之間，學者猶弗廢。於威、宣之際，孟子、孫卿之列，咸遵夫子之業而潤色之，以學顯於當世。」見班固撰，顏師古注：《漢書》，頁1543。

24　朱熹：《孟子集注・滕文公下》，見朱熹：《四書章句集注》，頁379。

再就儒學本身的發展情形而言,《韓非子‧顯學》云:

> 世之顯學,儒、墨也。儒之所至,孔丘也……自孔子之死也,
> 有子張之儒,有子思之儒,有顏氏之儒,有孟氏之儒,有漆雕
> 氏之儒,有仲良氏之儒,有孫氏之儒,有樂正氏之儒。……儒
> 分為八,……取舍相反不同。[25]

可見儒學內部已經分化,「取舍相反不同」。而且雖有子思之儒(後傳
孟子,為思孟學派),有孫氏之儒(或以為即荀子)等等,但其中並
沒有澹臺氏之儒。由此可以推斷澹臺滅明之南傳儒學,成效應屬有
限,故為各類文獻所忽而不載。

澹臺滅明之南傳儒學,據上所述,成效應屬有限,原因為何?試
分析如下:

就時勢而言,澹臺滅明之南傳儒學已在戰國初期,彼時各諸侯所
崇尚者乃在於富國強兵,征城攻地,並無視於仁義教化,禮樂的崩壞
更甚於前,誠如《史記》、《漢書》所言「天下並爭於戰國,儒術既絀
焉。」雖然「齊魯之間,學者獨不廢也,於威、宣之際,孟子、荀卿
之列,咸遵夫子之業而潤色之,以學顯於當世。」究竟為時並不長,
也屬極少數之例,其他儒者,包括《韓非子‧顯學》所列的儒家多數
流派則未必能廣為傳布,澹臺滅明顯然也在其列。

就地域而言,中華文明發源於黃河流域,楚國地處江淮流域,雖
然氣候較北方溫暖,水氣也較北方充沛,物產當然比北方豐饒許多。
然則由於開發較晚,交通既不方便,人文教化也顯得落後,相對於北
方,在春秋戰國時期,實屬十分荒僻,故《詩》、《書》、史傳常以

---

25 王先謙:《韓非子集解‧顯學》,見《新編諸子集成》(臺北:世界書局,1988年),
　　第5冊,頁351。

「蠻荊」、「荊蠻」或「蠻夷」稱之。[26]澹臺滅明前往宣揚儒學，當地既為未開發區域，則所遭遇到的困難必然遠較北方為多，而其可能達成的功效當然會受到很大的限制。

就澹臺滅明而言，他少孔子三十九歲，孔子死時其年僅三十四歲，追隨孔子的時日並不甚長，相對於其他先進弟子，既年輕又受薰陶的程度有限，對儒學的體會、掌握也就難免稍淺。雖然他有「從弟子三百人」，人數似乎不少，但楚地幅員甚廣，相形之下其實並不算多；且其人年紀更輕，儒學涵養更淺。而澹臺滅明及其從弟子所傳布者所重乃在於「取予去就」，人生歷練若非十分豐富，想要掌握得宜殊屬不易，則其傳揚之成效難免會大打折扣了。

綜上所述，澹臺滅明南傳儒學之志向與行為固然十分高卓，頗值得我們敬佩推崇，但不論就天時、地利、人和三方面而觀之，皆屬不夠充分。致其效果並不顯著，而為史傳所不載，誠屬理所必然之事。[27]

---

26 如《詩經・小雅・采芑》：「蠢爾蠻荊，大邦為讎。」《左傳・昭公二十六年》：「茲不穀震盪播越，竄在荊蠻。」《國語・晉語八》：「楚為荊蠻。」《史記・周本紀》：「（太伯、虞仲）二人亡如荊蠻，文身斷髮，以讓季歷。」《史記・楚世家》：「楚曰：『我蠻夷也。』」皆屬其例。

27 學術南傳成效良好的例子，蓋莫過於楊時。據《宋史・道學傳二》楊時本傳所載，北宋中期福建將樂（今福建省三明市將樂縣）人楊時，於中進士後，即不赴官，以師禮拜見洛學宗師程顥，悟力極高而為程顥所喜愛，他學成將南歸時，程顥曾目送之，而曰：「吾道南矣！」楊時後來雖歷仕州縣，但足跡不出大江南北，所至興學立教，終於成功的將學術南傳。但就時代與地域而言，他晚於孔子一千五六百年，其時學術文化已逐步由北轉南。更重要的是，楊時除師從程顥外，又於程顥去世後，再拜程頤為師，優游於程門先後達十多年。其學一傳為羅從彥，再傳為李侗，三傳得朱熹，終於南宋初年集北宋理學濂、洛、關學之大成而為閩學，影響及於南宋、元、明、清，以至於今日。澹臺滅明之南傳儒學，從各方面而言，皆萬難望其項背，故其成效不顯，實勢所必然，蓋所謂「非戰之罪」也。

三　附論：澹臺滅明「狀貌甚惡」或「有君子之姿」辨誣

澹臺滅明在孔門弟子中，因名聲不甚顯，與其相關的記載也就不多，但頗出人意料之外的，在這些為數甚少的記載中，卻有很令人感到訝異的傳聞，皆牽涉到澹臺滅明的相貌，或以為他「狀貌甚惡」，或以為他「有君子之姿」，說法正好相反，而以主張前者的為多。兩者說法既相反對，其實皆不可信。茲述其緣起，並辨明其誣罔如下。

先是，《史記・仲尼弟子列傳》云：

> （澹臺滅明）狀貌甚惡，欲事孔子，孔子以為材薄。既已受業，退而修行，行不由徑，非公事不見卿大夫。[28]

因而有「以貌取人，失之子羽」之說，[29] 而且還有與名列孔門四科十哲中言語科的宰我並列者，而曰「以言取人，失之宰我。」[30]

不過以《孔子家語》為代表的著作，則有並不相同的看法，如〈七十二弟子解〉云：

> （澹臺滅明）有君子之姿，孔子嘗以容貌望其才，其才不充孔子之望。[31]

而且也將之拿來與孔門言語科高弟宰我相提並論。[32]

28　司馬遷撰，裴駰集解，司馬貞索隱，張守節正義：《史記・仲尼弟子列傳》，頁883。

29　如《史記・留侯世家》、《漢書・張陳王周傳》皆引孔子之言曰：「以貌取人，失之子羽。」

30　如王充：《論衡・骨相》即謂：「以貌取人，失之子羽，以言取人，失之宰予也。」

31　王肅注：《孔子家語・七十二弟子解》，見《新編諸子集成》，第2冊，頁88。

32　王肅注：《孔子家語・子路初見》：「澹臺子羽有君子之容，而行不勝其貌；宰我有

　　澹臺滅明究竟是「狀貌甚惡」或是「有君子之姿」？兩說正好相反。但以《孔子家語・七十二弟子解》稱「其才不充孔子之望」，《孔子家語・子路初見》也說「澹臺子羽有君子之容，而行不勝其貌」，參照《論語・雍也》所稱他「行不由徑，非公事，未嘗至於偃之室也」的記載，其所行正直無私，與所謂「其才不充孔子之望」或「行不勝其貌」並不相符，是則《孔子家語》之說顯然不可採信。

　　《孔子家語》所載雖不可採信，但《史記》等之說也與事實不符。按〈仲尼弟子列傳〉稱澹臺滅明「欲事孔子，孔子以為材薄。既已受業，退而修行，行不由徑，非公事不見卿大夫。」對照《論語・雍也》所載，他在受業於孔子之前，即被子游稱許「行不由徑，非公事未嘗至於偃之室也。」並非在已受教於孔子之後，才有此操守涵養。更甚者，孔子有教無類，眾所皆知，既已不論出身之貴賤貧富，只要誠心來學，即樂於接納教誨之。豈有視其相貌之美醜而後決定是否收為弟子？若此說法，顯已厚誣孔子矣！

　　按不論《史記・仲尼弟子列傳》或《孔子家語・七十二弟子解》所載孔子弟子七十餘人，並未述及任何一人之容貌，而僅著墨於澹臺滅明之長相，殊不符常理。更何況所謂「狀貌甚惡」或「有君子之姿」，是醜是美，判定的標準究竟如何？更令人費解。

　　綜上所述，傳世文獻中有關澹臺滅明相貌的記載，皆屬誣妄無稽，其不可信明矣！

　　　　——原發表於二〇二一年十月廿八日《孔孟月刊》第六十卷第一、二期。

　　文雅之辭，而智不充其辭。孔子曰：『……以容取人，則失之子羽；以辭取人，則失之宰予。」見《新編諸子集成》，第2冊，頁49。

伍　孔門中的孔子親戚
——親族：孔忠、孔鯉，戚族：南容、公冶長志行紹述

前言

　　有些字詞，乍看之下，意思似無分別，但仔細探討，卻有所不同。譬如鄰、里二字，所指為居住在同一地區的家戶，但依《周禮·地官·遂人》：「五家為鄰，五鄰為里。」[1]不論就人口或面積而言，里皆較鄰大許多；即在今日，未必是五鄰為里，但里絕對大於鄰好幾倍，此即訓詁上所謂的「渾言不別，析言有異。」[2]

　　按《禮記·曲禮上》云：「兄弟親戚稱其慈也。」孔穎達正義曰：「親指族內，戚言族外。」[3]可見親、戚乍看意思相近，細分則親指有血緣關係者，屬族內；戚則指有婚姻關係者，屬族外。在孔門的三千弟子中，有四位是孔子的親、戚，他們與孔子的關係究竟如何？其志其行又如何？皆絕少有人注意及之。

　　孔門中孔子的親族，亦即有血緣關係者共兩位，一為孔子兄長孟

1　鄭玄注，賈公彥疏：《周禮注疏·地官·遂人》（臺北：藝文印書館，據清嘉慶二十年江西南昌府學開雕本影印，1955年），頁232。

2　許慎《說文解字注》謂：「走，趨也。」下段玉裁注曰：「《釋名》曰：『徐行曰步，疾行曰趨，疾趨曰走。』此析言之，許慎渾言不別也。」見許慎著，段玉裁注：《說文解字注》（臺北：黎明文化事業公司，1978年），頁64。

3　戴德編，鄭玄注，孔穎達疏：《禮記注疏·曲禮上》（臺北：藝文印書館，據清嘉慶二十年江西南昌府學開雕本影印，1955年），頁19。

皮之子孔忠，另一為孔子的兒子孔鯉。又孔子的戚族，亦即有婚姻關係者也有兩位：一為孔子兄長的女婿南容，另一為孔子的女婿公冶長。他們四人的相關資料及行為表現如何？本文即在運用極其有限的文獻，試圖紹述之。

一　孔門中的孔子親族

（一）孔忠

　　《史記・仲尼弟子列傳》列有「孔忠」之弟子，但除其姓名以外，對其人之籍里、字號及所行所為等等皆未述及。[4]另據《史記・仲尼弟子列傳》裴駰《集解》云：「駰案：《家語》云：『忠字子蔑，孔子兄之子。』」[5]覆按《孔子家語・七十二弟子解》記有「孔弗，字子蔑。」[6]又〈子路初見〉云「孔子兄子有孔篾者，與宓子賤偕仕。」[7]

　　綜合以上資料，可見孔忠即孔弗，字子蔑，又稱孔篾，乃孔子兄之子。[8]

　　再據《孔子家語・本姓解》記載，孔子父親叔梁紇「曰雖有九女，是無子。其妾生孟皮，孟皮一字伯尼，有足病，於是乃求婚於顏氏，顏氏有三女，其小曰徵在。……遂以妻之。徵在既往廟見……生孔子。」[9]另據《史記・孔子世家》司馬貞《索隱》云：「《家語》

4　《史記・仲尼弟子列傳》：「孔忠。」除此二字以外，別無他言。見司馬遷撰，裴駰集解，司馬貞索隱，張守節正義：《史記》（臺北：藝文印書館，據清乾隆武英殿刊本景印，1958年），頁888。

5　司馬遷撰，裴駰集解，司馬貞索隱，張守節正義：《史記・仲尼弟子列傳》，頁888。

6　王肅注：《孔子家語・七十二弟子解》，見《新編諸子集成》（臺北：世界書局，1972年），第2冊，頁92。

7　王肅注：《孔子家語・子路初見》，見《新編諸子集成》，第2冊，頁48。

8　〈七十二弟子解〉作「蔑」，〈子路初見〉作「篾」。

9　王肅注：《孔子家語・本姓解》，見《新編諸子集成》，第2冊，頁93。

云：『梁紇娶魯之施氏，生九女，其妾生孟皮，孟皮病足，乃求婚於顏氏。』張守節《正義》云：「《家語》云：『梁紇娶魯施氏女，生九女，乃求婚為顏氏。』」[10]

綜合以上記載，可見孔子之父叔梁紇（名紇，字叔梁，習稱叔梁紇）先娶施氏女為妻，生下九個女兒，但無兒子繼承家業。後來他的妾生下一子孟皮，但孟皮為妾所生，乃庶子，又病足。於是再娶顏氏女徵在而生下孔子。故孟皮乃孔子的庶兄，孔忠即為孟皮之子，也就是孔子的侄兒。

不知是否因為「君子之遠其子（侄）」？《論語》中竟無任何一章述及孔忠，所幸兩漢文獻中尚記有與其相關之二事。一為孔忠（孔篾）向孔子請教行己之道，據《孔子家語·子路初見》所載：

> 孔篾問行己之道，子曰：「知而弗為，莫如勿知。親而弗信，莫如勿親。樂之方至，樂而勿驕。患之將至，思而勿憂。」孔篾曰：「行己乎？」子曰：「攻其所不能，補其所不備。毋以其所不能疑人，毋以其所能驕人。終日言，無遺己之憂；終日行，不遺己患。唯智者有之。」[11]

可見孔忠受教於孔子，能就自己尚未能充分理解的「行己之道」向孔子請教，且對孔子之教言有所回應，曰「行己乎？」因而得到孔子進一步的指導。

另一事為孔忠曾出仕，孔子前往探視，並向其詢問出仕之所得與所失，但孔忠所答只有失而無得，孔子為此感到不悅。《說苑·政理》記載：

10　司馬遷撰，裴駰集解，司馬貞索隱，張守節正義：《史記·孔子世家》，頁760。
11　王肅注：《孔子家語·子路初見》，見《新編諸子集成》，第2冊，頁49。

> 孔子弟子有孔蔑者,與宓子賤皆仕。孔子往過孔蔑,問之曰:
> 「自子之仕者,何得何亡?」孔蔑曰:「自吾仕者未有所得,
> 而有所亡者三,曰:王事若襲,學焉得習?以是學不得明也,
> 所亡者一也。奉祿少,鬻鬻不足及親戚,親戚益疏矣,所亡者
> 二也。公事多急,不得弔死視病,是以朋友益疏矣,所亡者三
> 也。」孔子不說。[12]

認為公事多而急,俸祿寡少,於學於親、友皆屬不利,可見其論事較
從負面著眼,以故為孔子所不喜。

　　從上舉二事觀之,孔忠雖有向學之志,對己身之行為亦頗在意,
固然可取。然則不知何故,對現實似頗不滿而有怨言,殊令人費解而
深感惋惜。

(二) 孔鯉

　　孔鯉為孔子的兒子,因此《史記》並不將其收錄於〈仲尼弟子列
傳〉中,而列於〈孔子世家〉,云:

> 孔子生鯉,字伯魚。伯魚年五十,先孔子死。[13]

12　劉向:《說苑・政理》,見《中國子學名著集成珍本初編》(臺北:中國子學名著集
　　成編印基金會,據清王謨刊《漢魏叢書本》影印,1978年),第26冊,頁209-210。
　　按此段記載又有孔子往過宓子賤之事,錄之以供參:「(孔子)而復往見子賤曰:
　　『自子之仕,何得何亡也?』子賤曰:『自吾之仕,未有所亡而所得者三:始誦之
　　文,今履而行之,是學日益明也,所得者一也。奉祿雖少,鬻鬻得及親戚,是以親
　　戚益親也,所得者二也。公事雖急,夜勤弔死視病,是以朋友益親也,所得者三
　　也。』孔子謂子賤,曰:『君子哉若人,君子哉若人,魯無君子也,斯焉取斯?』」
　　可見宓子賤論事皆能從正面著眼,故為孔子所讚許為君子。又按此記載又見於《孔
　　子家語・子路初見》,惟文字略有不同。
13　司馬遷撰,裴駰集解,司馬貞索隱,張守節正義:《史記・孔子世家》,頁773。

《孔子家語》也非列於〈七十二弟子解〉，而收錄在〈本姓解〉，云：

> （孔子）至十九，娶于宋之亓官氏，一歲而生伯魚。魚之生
> 也，魯昭公以鯉魚賜孔子，榮君之貺，故因以名曰鯉，而字伯
> 魚。魚年五十，先孔子卒。[14]

孔鯉雖為孔子之子，但《論語》中與其有關的記述僅有兩章，但從這兩章卻可以充分顯現孔子與孔鯉之間的互動情形。

直接記述孔子對伯魚的教導之篇章為《論語·陽貨》，曰：

> 子謂伯魚曰：「女為〈周南〉、〈召南〉矣乎？人而不為〈周
> 南〉、〈召南〉，其猶正牆面而立也與？」[15]

按〈周南〉、〈召南〉為《詩經》十五國風的前兩風，〈周南〉詩十一篇，〈召南〉詩十四篇。在此並非指上述二南的二十五篇作品，而是用來代指《詩經》三百篇。學習《詩經》之效用，孔子曾屢屢言之，如《論語·陽貨》所載：

> 子曰：「小子！何莫學夫《詩》？《詩》，可以興，可以觀，可
> 以群，可以怨。邇之事父，遠之事君。多識於鳥獸草木之
> 名。」[16]

---

14 王肅注：《孔子家語·本姓解》，見《新編諸子集成》，第2冊，頁93。
15 朱熹：《論語集注·陽貨》，見朱熹：《四書章句集注》（臺北：大安出版社，2005年），頁250。
16 朱熹：《論語集注·陽貨》，見朱熹：《四書章句集注》，頁249。

又如《論語・子路》載：

> 子曰：「誦《詩》三百，授之以政，不達；使於四方，不能專
> 對；雖多，亦奚以為？」[17]

其例尚多，不一一列舉。總之，孔子以為《詩經》效用之廣，自個人
修身，包括涵養身心、博學多聞，以至於齊家、治國、平天下之道，
無不具備。如不學之，則事皆不可行，有如面對牆壁而立，既毫無所
見，亦無法前進也。[18]

間接記述孔子對伯魚的教導之篇章為《論語・季氏》，曰：

> 陳亢問於伯魚曰：「子亦有異聞乎？」對曰：「未也。嘗獨立，
> 鯉趨而過庭。曰：『學《詩》乎？』對曰：『未也。』『不學
> 《詩》，無以言。』鯉退而學《詩》。他日又獨立，鯉趨而過
> 庭。曰：『學禮乎？』對曰：『未也。』『不學禮，無以立。』
> 鯉退而學禮。聞斯二者。」陳亢退而喜曰：「問一得三，聞
> 《詩》，聞禮，又聞君子之遠其子也。」[19]

文中提到「不學《詩》，無以言」、「不學禮，無以立。」明白指出學
《詩》、學禮的效用。此既為孔鯉的庭訓，並以此形成後來孔子家族
「詩禮傳家」的良好家風，而成為美談。

就此章之問答而觀，誠如朱熹集注所言「亢以私意窺聖人，疑必

---

17 朱熹：《論語集注・子路》，見朱熹：《四書章句集注》，頁198。
18 朱熹：《論語集注・陽貨》：「正牆面而立，言即其至近之地，而一物無所見，一步
　　不可行。」見朱熹：《四書章句集注》，頁250。
19 朱熹：《論語集注・季氏》，見朱熹：《四書章句集注》，頁243。

陰厚其子。」[20]結果大出陳亢意料之外，因此乃退而喜曰「問一得三」，除明白學《詩》、學禮的效用以外，又知孔子教導其子無異於門人，並不偏私陰厚，此亦有教無類的另一種顯現方式也。

　　除上舉《論語》兩章以外，《孔子家語・致思》又有段敘述孔子教導孔鯉的記載，曰：

> 孔子謂伯魚曰：「鯉乎！吾聞可以與人終日不倦者，其惟學焉。其容體不足觀也，其勇力不足憚也，其先祖不足稱也，其族姓不足道也。終而有大名，以顯聞四方，流聲後裔者，豈非學者之效也！故君子不可以不學。其容不可以不飭，不飭無類，無類失親，失親不忠，不忠失禮，失禮不立。夫遠而有光者，飭也；近而愈明者，學也。譬之汙池，水潦注焉，萑葦生焉，雖或以觀之，孰知其源乎？」[21]

按此段文字不甚清暢，既云「可以與人終日不倦者，其惟學焉。其容體不足觀也……。」如此則所重僅在於學，然而又曰「故君子不可以不學，其容不可以不飭。」「夫遠而有光者，飭也；近而愈明者，學也。」如此則所重在學與容二者。究以何解為是？其實如將「容體不足觀也」之「容」解釋為「容貌」，重在身體外貌，故曰「容體」；將「其容不可以不飭」之「容」解釋為「儀容」，重在禮儀容態，容態有待以禮整飭，故曰「其容不可以不飭」、「夫遠而有光者，飭也。」而禮儀有待於學習，故真正所重者乃在於學也。如是解釋，明顯的與《論語・學而》首章所云「學而時習之，不亦說乎」意旨正相一致，應可視為確詁。

20　朱熹：《論語集注・季氏》，見朱熹：《四書章句集注》，頁243。
21　王肅注：《孔子家語・致思》，見《新編諸子集成》，第2冊，頁16-17。

此段記載可見孔子亦勉勵孔鯉重視學，按《論語》所載論學之語頗多，皆用以教導弟子，則所謂「君子之遠其子」者，從《論語》所載各章實皆已顯現矣！

孔鯉有一子，名伋，字子思，相傳《中庸》為其所作，[22]對傳揚儒學居功甚偉，被推尊為述聖。其再傳弟子孟軻，自述其志向曰：「乃所願，則學孔子也。」[23]對闡發孔子之道不遺餘力，被推尊為亞聖，與孔子並稱孔孟。另孔子弟子中最得孔子喜愛，以為弟子中最好學者為顏淵，[24]被尊稱為復聖。還有能悟知孔子忠恕一貫之道的弟子為曾參，[25]被尊稱為宗聖。此四聖或為孔鯉之晚輩（孔伋、孟軻），或為孔鯉之後進同學（顏淵、曾參），皆被尊崇為聖，但孔鯉則不然，或許有人會以為他乃「不才」之人而忽略之。[26]

按從各種資料推斷，孔鯉如同孔子般，於成年之後即結婚生子；而當孔子周遊列國時並未從行，而留在曲阜照顧家中大小；由此可見他接受其父教導之時間似不甚頻繁。儘管如此，他對於孔子教導其學

22　《史記‧孔子世家》：「伯魚生伋，字子思，……子思作《中庸》。」見司馬遷撰，裴駰集解，司馬貞索隱，張守節正義：《史記》，頁773。

23　朱熹：《孟子集注‧公孫丑上》：「可以仕則仕，可以止則止，可以久則久，可以速則速，孔子也。……乃所願，則學孔子也。」見朱熹：《四書章句集注》，頁320。

24　朱熹：《論語集注‧雍也》：「哀公問：『弟子孰為好學？』孔子對曰：『有顏回者好學，不遷怒，不貳過。不幸短命死矣！今也則亡，未聞好學者也。』」見朱熹：《四書章句集注》，頁113。

25　朱熹：《論語集注‧里仁》：「子曰：『參乎！吾道一以貫之。』曾子曰：『唯。』子出。門人問曰：『何謂也？』曾子曰：『夫子之道，忠恕而已矣。』」見朱熹：《四書章句集注》，頁96。

26　朱熹：《論語集注‧先進》：「顏淵死，顏路請子之車以為之椁。子曰：『才不才，亦各言其子也。鯉也死，有棺而無椁。吾不徒行以為之椁。以吾從大夫之後，不可徒行也。』」見朱熹：《四書章句集注》，頁171。按此乃孔子婉拒顏淵之父顏路請求孔子賣車為顏淵購買外棺之辭，並非真正認定顏淵為「才」，孔鯉為「不才」也。或以為孔鯉乃不才之人，乃大錯繆矣！

《詩》、學禮之庭訓，乃能謹遵恪守，而有「詩禮傳家」之美談。除此之外，其子孔伋之能闡揚儒學之蘊奧，當有得於孔鯉家庭教育之功。由是可見孔鯉不論為人子或為人父，皆有可以稱許之處。至於其與孔門弟子相處之情形，就其與陳亢對答情形觀之，據實陳述，不卑不亢，為陳亢所深喜，則可推知其與同門之良好互動。凡若此等，應皆可見孔鯉實具有「不忮不求，何用不臧」之美德，[27]或者以為他上不及父，下不如子，中不若朋，未免有求全責備，失諸過苛之譏矣！

二　孔門中的孔子戚族

（一）南容

《論語》曾兩度提到孔子將其兄孟皮之女嫁給南容。

〈公冶長〉同時記載孔子以其子妻公冶長，以其兄之子妻南容：

> 子謂公冶長，「可妻也。雖在縲絏之中，非其罪也」。以其子妻之。子謂南容，「邦有道，不廢；邦無道，免於刑戮。」以其兄之子妻之。[28]

〈先進〉則單獨記敘孔子以其兄之子妻南容：

27　朱熹：《論語集注・子罕》：「子曰：『衣敝縕袍，與衣狐貉者立，而不恥者，其由也與？「不忮不求，何用不臧？」』子路終身誦之。子曰：『是道也，何足以臧？』」見朱熹：《四書章句集注》，頁155。意謂子路不以貧富動其心，故孔子引《詩經・邶風・雄雉》之句，謂其不嫉害，不貪求，以讚美之。不料子路竟有自滿之意，故孔子告誡之。此取孔子所引詩句，以讚賞孔鯉之能安於其所處也。

28　朱熹：《論語集注・公冶長》，見朱熹：《四書章句集注》，頁101。

> 南容三復白圭，孔子以其兄之子妻之。[29]

《史記‧仲尼弟子列傳》、《孔子家語‧七十二弟子解》除紹述南容之名字以外，亦皆據《論語》所載明白指出南容與孔子的關係。《史記》云：

> 南宮括，字子容。……（孔子）以其兄之子妻之。[30]

《孔子家語》云：

> 南宮韜，魯人，字子容。……孔子以其兄子妻之。[31]

由是可見南容，魯人，姓南，名容，或宮括，或宮韜，字子容。[32]其所行所為頗得到孔子的讚許，稱其「邦有道，不廢；邦無道，免於刑戮。」可見他有為有守，當世治之時，能發揮才德以為時所用（不廢），到了亂世，則能明哲保身，不受牢獄之災的連累（免於刑戮）。

南容何以有此本領，從其能三復白圭可以推知。按白圭為《詩經‧大雅‧抑》第五章之文句，其辭曰：

> 白圭之玷，尚可磨也；斯言之玷，不可為也。[33]

---

29 朱熹：《論語集注‧先進》，見朱熹：《四書章句集注》，頁170。

30 司馬遷撰，裴駰集解，司馬貞索隱，張守節正義：《史記‧仲尼弟子列傳》，頁884。

31 王肅注：《孔子家語‧七十二弟子解》，見《新編諸子集成》，第2冊，頁88。

32 《史記》作南宮适，《孔子家語》作南宮韜，或作南宮縚，朱熹《論語集注》云：「名縚，又名适。」

33 毛亨傳，鄭玄箋，孔穎達疏：《毛詩正義‧大雅‧抑》（臺北：藝文印書館，據清嘉慶二十年江西南昌府學開雕本影印，1955年），頁646。

意謂白圭（玉）上的玷（斑點）還可以磨除，但言語的缺失，則如一言既出，駟馬難追般的無可補救。南容能屢屢誦念白圭之句，可見其能謹言，以至於由謹言而慎行，故為孔子所讚賞。《孔子家語・七十二弟子解》謂其「以智自將，世清不廢，世濁不洿。」[34]以智慧持守自己的言行，故於清平之世不廢其才學，於汙濁之世則不受汙辱。[35]

除前引《論語》兩章述及孔子以其兄之子妻南容以外，《論語・憲問》又載：

> 南宮适問於孔子曰：「羿善射，奡盪舟，俱不得其死然；禹、稷躬稼，而有天下。」夫子不答，南宮适出，子曰：「君子哉若人！尚德哉若人！」[36]

南容之意以為夏朝后羿善射，結果為其臣寒浞所殺；寒浞之子奡能陸地行舟，後為夏后少康所殺；可見羿、奡雖皆勇武過人，然皆被殺而不能善終。至於禹、稷，則或平水土，或教人耕稼，皆有功於生民。後來禹遂建立夏朝；后稷後裔姬發遂建立周朝而為武王，而皆有天下。由是可見徒恃勇力者恆亡，能修實德者則必昌盛。其言如此，故孔子於其出門之後，盛讚其為君子而能注重德行。

從《論語》所載與南容有關之三章，可見南容或者有為有守，或者能謹言慎行，或者能崇尚道德，故為孔子所賞識，而將其收為自己

---

34 王肅注：《孔子家語・七十二弟子解》，見《新編諸子集成》，第2冊，頁88。按此語與《論語・公冶長》所載，孔子謂南容，「邦有道，不廢；邦無道，免於刑戮。」意旨相同。

35 按《孔子家語・弟子行》亦載有南容之能三復白圭：「獨居思仁，公言仁義，其於《詩》也，則一日三覆白圭之玷，是宮絛之行也。孔子信其能仁，以為異士。」可參。見《新編諸子集成》，第2冊，頁28。

36 朱熹：《論語集注・憲問》，見朱熹：《四書章句集注》，頁208。

的侄女婿。

(二) 公冶長

公冶長在《論語》中僅一見，且與南容並列，據〈公冶長〉載云：

> 子謂公冶長，「可妻也。雖在縲絏之中，非其罪也」。以其子妻之。[37]

文字甚簡，除可見孔子以公冶長為婿以外，既無公冶長志行的相關訊息，更留下懸念：公冶長究竟所犯何罪，以致「在縲絏之中」？又何以言「非其罪也」？

有關公冶長的姓名、籍里，史書所載不一，據何晏《論語集解》引孔安國曰：「魯人也。姓公冶，名長。」[38]但皇侃《論語義疏》則引范甯曰：「名芝，字子長也。」[39]《史記‧仲尼弟子列傳》、《孔子家語‧七十二弟子解》亦皆以為「字子長」。但前者以為乃「齊人」，後者則仍認為係「魯人」。[40]

至於公冶長為何無辜繫獄？相傳他通曉鳥語，因而被誤以為犯殺人罪而被捕。但此說法，邢昺《論語注疏》以為不可信，曰：「舊說冶長解禽語，故繫之縲絏，以其不經，今不取也。」[41]但劉寶楠《論語正義》則認為公冶長有可能解鳥語，卻不相信他因而獲罪，曰：

---

37 朱熹：《論語集注‧公冶長》，見朱熹：《四書章句集注》，頁101。

38 何晏集解，皇侃疏：《論語集解義疏‧公冶長》（臺北：廣文書局，1977年），頁137。

39 何晏集解，皇侃疏：《論語集解義疏‧公冶長》，頁139。

40 《史記‧仲尼弟子列傳》云：「公冶長，齊人，字子長。」與他書所載不同。

41 何晏集解，邢昺疏：《論語注疏‧公冶長》（臺北：藝文印書館，據清嘉慶二十年江西南昌府學開雕本影印，1955年），頁41。

「邢《疏》斥其不經。愚以《周官》夷隸掌與鳥言，貉隸掌與獸言。則以公冶解鳥語，容或有之。而謂因此獲罪，則傅會之過矣！」[42]語意模稜，但仍不認為他因解鳥語而獲罪。

　　按公冶長通鳥語而獲罪之事始見於皇侃《論語義疏》，但皇疏在中國已亡佚甚久，直到清乾隆年間始在日本發現而傳回中國。[43]書中載云：「別有一書，名為《論釋》，云：『公冶長從衛還魯，行至二堺上，聞鳥相呼往清溪食死人肉，須臾，見一老嫗當道而哭，冶長問之，嫗曰：「兒前日出行，于今不反，當是已死亡，不知所在？」冶長曰：「向聞鳥相呼往清溪食肉，恐是嫗兒也。」嫗往看即得其兒也，已死。即嫗告村司，村司問嫗從何得知之，嫗曰：「見冶長道如此。」村官曰：「冶長不殺人，何緣知之？」囚錄冶長付獄主，問冶長何以殺人？冶長曰：「解鳥語，不殺人。」主曰：「當試之，若必解鳥語，便相放也；若不解，當令償死。」駐冶長在獄六十日，卒日有雀子緣獄柵上相呼，嘖嘖唶唶，冶長含笑。吏啟主：「冶長笑雀語，是似解鳥語。」主教問冶長雀何所道而笑之？冶長曰：「雀鳴嘖嘖唶唶，白蓮水邊有車翻覆黍粟，牡牛折角，收斂不盡，相呼往啄。」獄主未信，遣人往看，果如其言。後又解豬及燕語，屢驗，於是得放。』然此語乃出雜書，未必可信，而亦古舊相傳云冶長解鳥語，故聊記之也。」[44]

---

42 劉寶楠：《論語正義・公冶長》，見《新編諸子集成》（臺北：世界書局，1972年），第1冊，頁87。

43 竹添光鴻《論語會箋・公冶長》：「公冶長解鳥語，見皇侃所引《論釋》，而皇侃《義疏》自宋至元明，泯滅不傳，故明人楊升庵、楊宗吾、田藝蘅、焦竑、張鼎思諸家，皆不知其事出何書，而《義疏》全本，獨有於皇國，今則傳播於彼邦矣。」見朱熹集注，竹添光鴻會箋：《論語會箋》（臺北：廣文書局，1961年），卷5，頁2。按竹添光鴻為日本人，故文中「皇國」指日本，「彼邦」指中國。

44 何晏集解，皇侃義疏：《論語集解義疏・公冶長》，頁138-139。

　　上述皇侃所引《論釋》之記載，文理並不通順，連皇侃自己都認為不可信，故作為茶餘酒後的談助之資，尚無傷大雅，但若信以為真，不僅將為識者所譏，亦大有悖於孔子不語怪力亂神之旨也。[45]

　　總而言之，從孔子所言「雖在縲絏之中，非其罪也」之語觀之，公冶長雖因事繫獄，但實非有罪，卻能含冤忍辱，可謂為具有另一種型態的「人不知而不慍，不亦君子乎」的涵養。[46]其能為孔子所認同而以女嫁之，諒非無端而致也。

　　　　──原發表於二〇二一年十二月廿八日《孔孟月刊》第六十卷第三、第四期。

---

45 朱熹：《論語集注・述而》：「子不語：怪、力、亂、神。」見朱熹：《四書章句集注》，頁132。

46 朱熹：《論語集注・學而》，見朱熹：《四書章句集注》，頁61。朱熹集注引尹氏曰：「學在己，知不知在人，何慍之有？」又引程子曰：「雖樂於及人，不見是而無悶，乃所謂君子。」並下己意曰：「愚謂及人而樂者順而易，不知而不慍者逆而難，故惟成德者能之。然德之所以成，亦曰學之正、習之熟、說之深，而不已焉耳。」按《論語》本意為他人不知己有才學而可以推己及人，雖如此，但並不慍怨，此乃為君子。此引其語，謂公冶長雖含冤不白，但自反而不愧，此可見其對自己之行為深具信心，故不慍也。

陸　撲朔迷離，屢思莫解
——載籍所述孔門高弟宰予言行誌疑

前言

　　剛開始接觸《論語》時，對其中絕大部分篇章所述皆能心神領會，尤其對孔門師生的相處情形，更是心嚮往之。即使對其中極少數篇章的內容仍無法充分理解，但參考各注家所言，基本上也能掌握大要。唯獨讀到與孔門高弟宰予的相關記載，就不免深感困惑，迄今仍每思不解。

　　按《論語》所載與宰予相關者共有五章，除〈先進〉述及宰予名列四科十哲中的言語科，[1]與〈雍也〉所記宰予請問孔子「仁者，雖告之曰：『井有仁焉。』其從之也？」以及孔子的回答。[2]其餘三章中的宰予所言所行，皆遭孔子責罵，而且下語極為嚴厲。既屬高弟，即使是愛之深而責之切，也不應如此幾近不符人情的呵斥。何以如此，頗令人大惑不解。

1　朱熹：《論語集注·先進》：「子曰：『從我於陳蔡者，皆不及門也。』德行：顏淵、閔子騫、冉伯牛、仲弓。言語：宰我、子貢。政事：冉有、季路。文學：子游、子夏。」見朱熹：《四書章句集注》（臺北：大安出版社，2005年），頁169。

2　朱熹：《論語集注·雍也》：「宰我問曰：『仁者，雖告之曰：「井有仁焉。」其從之也？』子曰：『何為其然也？君子可逝也，不可陷也；可欺也，不可罔也。』」見朱熹：《四書章句集注》，頁121-122。

　　另據《史記‧仲尼弟子列傳》所載,稱宰予為齊臨菑(在今山東省淄博市臨淄區北)大夫,與田常作亂,不僅身死,家族也遭夷滅,為孔子所恥,但裴駰《史記集解》則辨其非是。亦即宰予是否死於齊國內亂,歷來看法並不一致,究以何者為確?

　　如上所述,《論語》所載宰予受孔子重責的三章,以及《史記》所述宰予之死及孔子對其死亡深以為恥,實情為何?以文獻難徵,實難以充分澄清。但如不試圖疏通,則不僅是對宰予的侮蔑,其實也厚誣了孔子。

　　基於此,本文乃針對載籍所述與宰予言行頗令人致疑者,計共四事:身卒之謎、問社之惑、晝寢之誣、喪期之辯,先敘其原由,再羅列各家觀點,最後以己見分析推定,以期能略洗孔門高弟宰予兩千多年以來蒙受的冤屈。

一　身卒之謎

　　《史記‧仲尼弟子列傳》載云:

> 宰我為臨菑大夫,與田常作亂,以夷其族,孔子恥之。[3]

　　按對於此事,先秦兩漢之書,如《韓非子‧難言》、《呂氏春秋‧慎勢》、《淮南子‧人間訓》、《鹽鐵論‧殊路》、《說苑》〈正諫〉、〈指武〉,以及《史記‧李斯列傳》,或略或詳,皆有相關記載,則此事似乎可信。

　　然則《史記‧仲尼弟子列傳》司馬貞《索隱》卻持異見,其言曰:

3　司馬遷撰,裴駰集解,司馬貞索隱,張守節正義:《史記‧仲尼弟子列傳》(臺北:藝文印書館,據清乾隆武英殿刊本景印,1958年),頁880。

> 《左氏》無宰我與田常作亂之文，然有闞止字子我，而田、闞
> 爭寵，子我為陳恆所殺。恐字與宰予相涉，因誤云然。[4]

認為仕於齊，與田常爭寵而被田常所殺者為闞止，闞止字子我，而宰予亦字子我，故被誤以為死於齊國內亂。以故《論語》的重要注家，如何晏集解、皇侃義疏、邢昺正義，以至朱熹集注，似不相信宰予死齊之事，故在其注語中皆未述及此事；劉寶楠《論語正義》則明言《史記》之說為誤：「宰予字子我，與齊闞止字同，故史公誤以宰予死陳氏難也。」[5]

以上兩說，即宰予是否死於齊國內亂，蓋可以從下列三方面考察：

第一方面為田恆作亂，弒齊簡公之事發生於魯哀公十四年（西元前481），《左傳》於該年下，確實如司馬貞所言，並未述及宰予死難之事，按隔年（魯哀公十五年）子路死於衛國內亂，《左傳》則載其事。考宰予、子路皆為孔門四科十哲之一，撰述《左傳》者姑不論是否為孔子弟子左丘明，但必為儒門人物，如宰予確實死於齊國內亂，何以既然同屬孔門高弟，對子路之死述之，對宰予之死則未提及？

第二方面為據《論語‧憲問》所載，田恆弒齊簡公，孔子沐浴而朝，請求魯君討伐亂臣賊子。[6]文中並未述及宰予死難之事，後世《論語》所有注家亦絕無提及宰予死於該次禍難者。

4　司馬遷撰，裴駰集解，司馬貞索隱，張守節正義：《史記‧仲尼弟子列傳》，頁880。

5　劉寶楠：《論語正義‧八佾》，見《新編諸子集成》（臺北：世界書局，1972年），第1冊，頁64。

6　朱熹：《論語集注‧憲問》：「陳成子弒簡公，孔子沐浴而朝，告於哀公曰：『陳恆弒其君，請討之。』公曰：『告夫三子。』孔子曰：『以吾從大夫之後，不敢不告也。君曰「告夫三子」者。』之三子告，不可。孔子曰：『以吾從大夫之後，不敢不告也。』」見朱熹：《四書章句集注》，頁214。按：陳成子，或因音近，或因避諱，或取諡號，又稱陳常、田常、陳恆、田恆、田成子。

　　第三方面為孔子弟子可以確知先孔子而逝者共有三人：一為冉伯牛，《論語‧雍也》記述冉伯牛病逝之前，孔子前往探視，感嘆道：「亡之，命矣乎！斯人也而有斯疾也，斯人也而有斯疾也。」[7]二為顏淵，死於魯哀公十四年，死因不詳。《論語‧先進》記述孔子哭之慟，曰：「噫！天喪予！天喪予！」[8]三為子路，他於魯哀公十五年，因衛莊公、出公父子爭位，被牽連其中而死，死狀甚慘，孔子哭之，曰：「天祝予！」[9]且命覆醢。[10]由上所述，早於孔子而死的弟子冉伯牛、顏淵、子路去世時，孔子皆極哀傷。宰予與三人皆屬孔門四科十哲之一的高弟，則若如《史記》所言，於魯哀公十四年死於齊國田常之亂，則孔子絲毫不顧念師弟子之情，既毫無悲慟之心，更甚的是還引以為恥，斷然無法令人相信。

　　綜合以上三方面所述，則宰予是否確實如《史記》所言，死於齊國田常之亂？當可不辨而自明矣。

二　問社之惑

　　《論語‧八佾》記載：

7　朱熹：《論語集注‧雍也》：「伯牛有疾，子問之，自牖執其手，子曰：『亡之，命矣乎！斯人也而有斯疾也！斯人也而有斯疾也！』」見朱熹：《四書章句集注》，頁116。

8　朱熹：《論語集注‧先進》：「顏淵死，子曰：『噫！天喪予！天喪予！』」又「顏淵死，子哭之慟。從者曰：『子慟矣。』曰：『有慟乎！非夫人之為慟而誰為！』」見朱熹：《四書章句集注》，頁171。

9　《春秋公羊傳‧哀公十四年》：「顏淵死，子曰：『噫！天喪予。』」子路死，子曰：『噫！天祝予。』」（祝，斷也。）見公羊壽傳，何休解詁，徐彥疏：《春秋公羊傳》（臺北：藝文印書館，據清嘉慶二十年江西南昌府學開雕本影印，1955年），頁357。

10　《禮記‧檀弓上》：「孔子哭子路於中庭，有人弔者，而夫子拜之。既哭，進使者而問故，使者曰：『醢之矣！』遂命覆醢。」（醢，肉醬，此指子路之屍體被剁成肉醬。）見鄭玄注，孔穎達疏：《禮記》（臺北：藝文印書館，據清嘉慶二十年江西南昌府開雕本影印，1955年），頁112。

　　哀公問社於宰我，宰我對曰：「夏后氏以松，殷人以柏，周人以栗，曰使民戰栗。」子聞之曰：「成事不說，遂事不諫，既往不咎。」[11]

　　此章文字雖不長，但疑點不少，述之如下：

　　一為《論語》所載國君之問，如魯定公、魯哀公、齊景公、衛靈公所問，皆問於孔子，但通《論語》二十篇將近五百章，僅本章與〈顏淵〉所載「哀公問於有若曰年饑用不足」章[12]為問於孔門弟子者，故本章乃極特殊之例。

　　二為魯哀公問社於宰我，宰我既已回答「夏后氏以松，殷人以柏，周人以栗」，何以對夏后氏、殷人以松、柏之原因毫未說明，乃針對周人以栗而曰使人戰栗，則周人以栗下之「曰使民戰栗」顯然為畫蛇添足之語。按宰我為孔門言語科之高弟，何以在此於回答國君之問時犯此毛病？再則宰我既為孔門高弟，當習知孔子恆常所講者為以禮樂教化眾人，而非以刑法威嚇百姓，所謂「子曰：『道之以政，齊之以刑，民免而無恥；道之以德，齊之以禮，有恥且格。』」[13]是也。宰予既接受孔子教誨，何以背離師訓而以「使民戰栗」此種類似法家強調嚴刑峻罰以樹立威嚴之說，回答魯哀公？

　　不知是否已感覺宰我的反應並不正常，故後世有為宰我「使民戰栗」之答語迴護者，如皇侃《論語義疏》曰：「宰我見哀公失德，民不畏服，無戰栗悚敬之心。今欲微諷哀公，使改德修行，故因於答三

11　朱熹：《論語集注‧八佾》，見朱熹：《四書章句集注》，頁89。

12　朱熹：《論語集注‧顏淵》：「哀公問於有若曰：『年饑，用不足，如之何？』有若對曰：『盍徹乎？』曰：『二，吾猶不足，如之何其徹也？』對曰：『百姓足，君孰與不足？百姓不足，君孰與足？』」見朱熹：《四書章句集注》，頁187。

13　朱熹：《論語集注‧為政》，見朱熹：《四書章句集注》，頁70。

代木竟,而又矯周樹用栗之義也。言周人所以用栗,謂種栗而欲使民戰栗故也。今君是周人,而社既種栗,而民不戰栗何也?」[14]意謂宰我見魯哀公失德,民不畏服而無戰栗悚敬之心,故委婉諷勸哀公改德修行而使民戰栗。將是否修德與使民戰栗相連結,頗為不倫不類。蓋如能修德,則人民將敬之愛之,與戰栗何干?更甚者,如劉寶楠《論語正義》曰:「愚案此時哀公與三桓有惡,觀《左傳》記公出孫之前,遊於陵阪,遇武伯,呼余及死乎,至於三問。是其杌陧不安,欲去三桓之心,已非一日。則此社主之問,與宰我之對,君臣密語,隱衷可想。」[15]意謂魯哀公不滿魯國三桓大夫擅權,甚至可能威脅到自己的生命,在強烈的危機感之下,意欲劃除之,故託社以問宰我,宰我深知哀公之意向,乃以「使民戰栗」答之,故此問答乃哀公與宰我之間心意相通的隱密之語。按宰我並非與魯哀公關係極為密切,或深得魯哀公信任之人,哪來互訴「隱衷」的「君臣密語」?如此為兩人開脫,極不符情理。

三為孔子於聞知魯哀公與宰我的問答以後,竟然說「成事不說,遂事不諫,既往不咎。」頗有「錯就錯了,也就算了」之意。如此反應顯然大有失於孔子誨人不倦之精神。按據《論語》所載,弟子如有言行失當之處,孔子必定當面糾正,或於聞知之後加以指責。當面糾正者,如「冉求曰:『非不說子之道,力不足也。』子曰:『力不足者,中道而廢,今女畫。』」[16]又如「子貢方人,子曰:『賜也賢乎哉!夫我則不暇。』」[17]聞知之後加以指責者,如「季氏旅於泰山,子謂冉有

14 何晏集解,皇侃義疏:《論語集解義疏・八佾》(臺北:廣文書局,1977年),頁100-101。

15 劉寶楠:《論語正義・八佾》,見朱熹:《四書章句集注》,頁66。

16 朱熹:《論語集注・雍也》,見朱熹:《四書章句集注》,頁117。

17 朱熹:《論語集注・憲問》,見朱熹:《四書章句集注》,頁217。

曰：『女弗能救與？』對曰：『未能。』子曰：『嗚呼！曾謂泰山，不如林放乎？』」[18]又如「季氏富於周公，而求也為之聚斂而附益之，子曰：『非吾徒也。小子鳴鼓而攻之，可也。』」[19]如此之例尚多，不一一列舉。從類似上舉諸例觀之，如果魯哀公問社於宰我，宰我確實以「周人以栗，曰使民戰栗」答之，孔子聞之，必然嚴加訓誡，豈會以「成事不說，遂事不諫，既往不咎」，如此雲淡風輕，若無甚緊要之口氣視之？

　　按《論語・八佾》所載「哀公問社於宰我」章，文字尚不滿五十字，然則卻有上舉三個頗為嚴重的疑點。執此而論，則此章所記是否為實錄？誠大有待於斟酌也。

三　晝寢之誣

　　《論語・公冶長》記載：

> 宰予晝寢，子曰：「朽木不可雕也，糞土之牆不可杇也，於予與何誅！」子曰：「始吾於人也，聽其言而信其行；今吾於人也，聽其言而觀其行。於予與改是。」[20]

　　此章疑點頗多，述之如下：
　　一為此章所記既非問答，也並未轉換話題，卻有兩「子曰」，此在《論語》為數甚夥的篇章中僅出現三次。另兩次分別出現於〈述而〉：「子曰：『聖人，吾不得而見之矣；得見君子者，斯可矣。』」子

18　朱熹：《論語集注・八佾》，見朱熹：《四書章句集注》，頁83。

19　朱熹：《論語集注・先進》，見朱熹：《四書章句集注》，頁174。

20　朱熹：《論語集注・公冶長》，見朱熹：《四書章句集注》，頁105。

曰：『善人，吾不得而見之矣；得見有恆者，斯可矣。亡而為有，虛而為盈，約而為泰，難乎有恆矣。』」〈子路〉：「子曰：『南人有言曰：「人而無恆，不可以作巫醫。」善夫！不恆其德，或承之羞。』子曰：『不占而已矣。』」[21]對本章出現兩「子曰」，朱熹可能已有懷疑，故引胡氏（寅）曰：「『子曰』疑衍文，不然，則非一日之言也。」[22]亦即本章在表述形式上有別於《論語》為數甚夥的其他章，何以如此？頗令人致疑。

二為兩「子曰」所述意旨連繫並不密切。蓋如宰予晝寢而孔子於嚴加責備後，才感嘆對人不能聽言信行，而必須聽言觀行。則孔子直到宰予晝寢後才有此感悟，毋乃太遲鈍而嫌太晚，如此豈非誣枉孔子乎？

三為誠如王充《論衡》所批評：「問曰：『晝寢之惡也，小惡也；朽木糞土，敗毀不可成之物，大惡也。責小過以大惡，安能服人？使宰我性不善，如朽木糞土，不宜得入孔子之門，序在四科之列。使性善，孔子惡之，惡之太甚，過也。人之不仁，疾之已甚，亂也。孔子疾宰予，可謂甚矣！』」[23]如確有其事，責小過以大惡，朽木糞土既不可雕圬，豈非大有悖於孔子所自言「有教無類」[24]之旨？

四為後世頗多欲迴護此章者，大抵可以分為兩類：一類針對「晝寢」之意另為詮釋，以為「晝寢」並非白晝睡覺，紛紛提出各種看

---

21 分見朱熹：《論語集注》〈述而〉、〈子路〉，見朱熹：《四書章句集注》，頁133、204。

22 朱熹：《論語集注・公冶長》，見朱熹：《四書章句集注》，頁105。按《論語集注・述而》「子曰聖人吾不得而見之矣」章下，朱熹注曰：「『子曰』字疑衍文。」《論語集注・子路》「子曰南人有言曰」章下，朱熹注曰：「後加『子曰』，以別《易》文也，其義未詳。」亦皆有所疑。

23 王充：《論衡・問孔》，見《新編諸子集成》（臺北：世界書局，1972年），第7冊，頁88。

24 朱熹：《論語集注・衛靈公》：「子曰：『有教無類。』」，見朱熹：《四書章句集注》，頁236。

法，或謂乃睡午覺；或謂白天仍高臥在床；或謂白天仍在寢室裡；或謂「晝」乃「畫」之誤，意為繪畫裝飾寢室；或謂繪畫裝飾者並非寢室，乃寢廟；或謂晝者畫地自限，寢者休止，晝寢意謂怠惰而止步不求上進；或謂於白晝之時男女同寢交合。說法雖多，但並未能舉出令人信服的證據，其實皆屬穿鑿附會。凡此諸說既不值得駁斥，反而暗寓提出這些說法者其實也對此章有所懷疑，否則何必多此一舉？

為此章迴護的另一類，則認為孔子與宰予為避免孔門弟子懈怠廢學，故假借宰予晝寢，孔子痛責之，以為激勵。如皇侃《論語義疏》曰：「然宰我有此失者，一家云其是中人，豈得無失？一家云與孔子為教，故託跡受責也。故珊琳公曰：『宰予見時後學之徒將有懈廢之心生，故假晝寢以發夫子切磋之教，所謂互為影響者也。』范甯曰：『夫宰我者升堂四科之流也，豈不免乎晝寢之咎以貽朽糞之譏乎！時無師徒共明勸誘之教，故託夫弊跡以為發起也。』」[25]邢昺《論語正義》曰：「然宰我處四科而孔子深責者，記之以設教耳，宰我非實惰學之人也。」[26]意味宰予故意晝寢而讓孔子責罵，師徒二人共同設局，以警惕孔門諸弟子。若確實如此，豈非視孔子與宰予乃頗具機心之人，而有誣枉二人之嫌？

以上為此章迴護者，不論是哪一類，適足以反證其實他們心中早有所疑，故設法強為辯解，其實乃弄巧反成拙也。

綜上所述，《論語・公冶長》所載「宰予晝寢」章，在形式和內容上皆有很大的疑點，而為其彌縫罅漏，試圖遮掩缺失者人數甚夥，實皆屬欲蓋而彌彰，則此章所記是否可以盡信，更有待於斟酌也。

---

25 何晏集解，皇侃義疏：《論語集解義疏・公冶長》，見朱熹：《四書章句集注》，頁153-154。

26 何晏集解，邢昺疏：《論語正義・公冶長》（臺北：藝文印書館，據清嘉慶二十年江西南昌府學開雕本影印，1955年），頁43。

四　喪期之辯

《論語・陽貨》記載：

> 宰我問：「三年之喪，期已久矣。君子三年不為禮，禮必壞；
> 三年不為樂，樂必崩。舊穀既沒，新穀既升，鑽燧改火，期可
> 已矣。」子曰：「食夫稻，衣夫錦，於女安乎？」曰：「安。」
> 「女安則為之！夫君子之居喪，食旨不甘，聞樂不樂，居處不
> 安，故不為也。今女安，則為之。」宰我出。子曰：「予之不
> 仁也！子生三年，然後免於父母之懷。夫三年之喪，天下之通
> 喪也。予也有三年之愛於其父母乎？」[27]

　　按此章所討論者為守父母之喪，期程之久暫。宰我認為守喪一年
即已足夠：「期已久矣」。所持理由為「君子三年不為禮，禮必壞；三
年不為樂，樂必崩。舊穀既沒，新穀既升，鑽燧改火，期可已矣。」
所重乃在講求禮樂之學習，順應天道之循環，偏在於「（天人之）理
得」。

　　孔子最先之答復並未明言喪期應該多久，似乎有答非所問之嫌，
但所重在於「食夫稻，衣夫錦，於女安乎？」「夫君子之居喪，食旨
不甘，聞樂不樂，居處不安，故不為也。」所重乃在於自我感情之安
頓，偏在於「（個人之）心安」。直到宰我離去之後，孔子始明言所主
張者乃守喪三年，所持理由為「子生三年，然後免於父母之懷。」
「夫三年之喪，天下之通喪也。」所考慮者乃在感恩而從眾，基本上
還是偏於心安。

　　按喪期之久暫屬於喪禮之一環，禮之所重在能既合乎道理，又體

27　朱熹：《論語集注・陽貨》，見朱熹：《四書章句集注》，頁253。

察人情，宰我所持立場在於合乎道理，孔子則在於體察人情，實各有所見。但理與情之間有時可以調和，有時則未必可以兼顧，以本章為例，「食夫稻，衣夫錦」於理應該樂於接受，但在守喪期間如此，就常情而言，必定不能心安。但「三年不為禮」、「三年不為樂」，於理既不可行，也不一定就能心安。更何況還有個別差異問題，所謂「子生三年，然後免於父母之懷」，蓋乃概略而言，並非人人皆如此，則守父母之喪就不一定非訂為三年不可，期間的長短實大有斟酌餘地。故就本章宰予與孔子之問答而言，孔子固然有其見地，然則宰我之疑問也並非隨意而發。

　　本章有一大疑點，即宰我與孔子問答既畢，「宰我出」以後，孔子才提出他認為至親之喪以三年為當的主張，並對宰我嚴厲批評說「予之不仁也」、「予也有三年之愛於其父母乎？」如此表述方式，《論語》全書之中，除本章以外，只有〈子路〉所載「樊遲請學稼」章，於「樊遲出」以後，批評樊遲道：「小人哉，樊須也！」[28]此兩章的表述方式大不類似於其他章，顯得相當怪異。嚴格而論，頗有放馬後炮的意味，此與孔子一貫的教學風格實大不相侔。

　　後世有不少《論語》注家認為宰予所問，表面上看來似乎是主張一年之喪，但其真正的用意還是在守三年之喪，與孔子所見並無二致。如皇侃《論語義疏》引繆播曰：「爾時禮壞樂崩，而三年不行，宰我大懼其往，以為聖人無微旨以戒將來，故假時人之謂，咨憤于夫子，義在屈己以明道也。」又引李充曰：「子之於親，終身莫已，而

---

28 朱熹：《論語集注・子路》：「樊遲請學稼，子曰：『吾不如老農。』請學為圃，曰：『吾不如老圃。』樊遲出。子曰：『小人哉，樊須也！上好禮，則民莫敢不敬；上好義，則民莫敢不服；上好信，則民莫敢不用情。夫如是，則四方之民襁負其子而至矣，焉用稼？』」見朱熹：《四書章句集注》，頁197。按此所謂「小人哉」之「小人」，朱熹注云：「謂細民。」非指在德養上與君子相對之小人，雖有責備樊遲之意，但口氣並不如責備宰我嚴重。

今不過三年者,示民有終也。而予也何愛三年而云久乎?余謂孔子目
四科,則宰我冠言語之先,安有知言之人而發違情犯禮之問乎?將以
喪禮漸衰,孝道彌薄,故起斯問以發其責,則所益者弘多也。」[29]劉
寶楠《論語正義》亦云:「〈檀弓〉言子夏、閔子騫,皆三年喪畢,見
于夫子,是聖門之徒,皆能行之。宰我親聞聖教,又善為說辭,故舉
時人欲定親喪為期之意,以待斥於夫子。」[30]雖意在迴護,卻不自覺
已有誣枉孔子、宰予師弟頗具機心之嫌。如此曲為說解,可見亦有感
於此章之表述顯然有其不妥適之處也。

結語

　　誠如錢穆先生所言:

> 宰我、子貢同列言語之科。孟子曰:「宰我、子貢善為說
> 辭。」又曰:「宰我、子貢、有若,智足以知聖人。」宰我
> 曰:「以予觀於夫子,賢於堯、舜遠矣。」在孔子前輩弟子
> 中,宰我實亦矯然特出,決非一弱者。惟《論語》載宰我多不
> 美之辭,《史記·仲尼弟子列傳》有云:「學者多稱七十子之
> 徒,譽者或過其實,毀者或損其真。」竊疑於宰我為特甚。[31]

何以如此?錢先生又云「語詳拙著《先秦諸子繫年·宰我死齊考》。」
覆按錢先生之作,先生云:

---

29 何晏集解,皇侃義疏:《論語集解義疏·公冶長》,見朱熹:《四書章句集注》,頁632。
30 劉寶楠:《論語正義·陽貨》,見朱熹:《四書章句集注》,頁381。
31 錢穆:《孔子傳·第七章　孔子晚年居魯》,見《錢賓四先生全集》(臺北:聯經出版
　　公司,1998年),第4冊,頁101。

余每疑宰我、子貢同列言語之科，而宰我居先，孟子稱其智足以知聖人，其在孔門，明為高第弟子矣。而《論語》載子我多不美之辭，如〈晝寢〉及〈三年之喪〉兩章尤甚。諸弟子中，獨寫宰我最無情采。《論語》本成於齊、魯諸儒，其書出於戰國時，田氏已得志，而魯亦為田齊弱。豈田氏之於宰我，固有深恨。而朝政之威，足以變白黑。……而宰我之於孔門，乃亦負此重冤。則甚矣知人論世之非易，而良史之不多得也！[32]

　　蓋錢先生認定宰我死於齊國田氏之內亂，田氏既得志於齊，魯國又為其所弱，因田氏深恨宰我，編修《論語》之齊魯諸儒怵於田氏之威，乃變白為黑，宰我遂負重冤。其意以為宰我受毀蒙冤乃因齊田氏打壓所致，惟本文第一節身卒之謎，已清楚辨明宰予並非死於齊國內亂，故其說並不能成立。且如其說，則齊魯諸儒豈非皆畏於權威而助紂為虐之徒？實令人難以置信。

　　就錢先生之語反推之，他再三強調宰我「實亦矯然特出，決非一弱者」，「其在孔門，明為高第弟子矣」，然而「《論語》載子我多不美之辭」，由是可見錢先生亦認為《論語》所載宰予之言行頗為可疑而不可盡信。

　　豈只《論語》，如本文第一節所言，諸如《韓非子》、《呂氏春秋》、《淮南子》、《鹽鐵論》、《說苑》，以至《史記》，所述宰予之事亦皆有未必可信之處。

　　載籍所述宰予之言行既不可盡信，然則應該如何？鄙意以為宜如孔子所言「夏禮，吾能言之，杞不足徵也；殷禮，吾能言之，宋不足

32 錢穆：《先秦諸子繫年考辨・二七　宰我死齊考》，見《錢賓四先生全集》（臺北：聯經出版公司，1998年），第5冊，頁65。

徵也;文獻不足故也。足,則吾能徵之矣。」[33]既然文獻不足,連孔
子都無法證明所言夏、殷之禮為確實可信,則我們對於宰我的所言所
行,亦應如孔子回答子張學干祿的語意:「多聞闕疑,慎言其餘,則
寡尤。」[34]亦即在文獻不足的情況下,保持審慎的「闕疑」態度。當
然最大的期望,乃是出現較多較可靠的文獻,以為宰予洗冤,使其所
行所為能獲得較公正無偏的評價,也可以袪除二千多年來無數《論
語》讀者心中的莫大疑惑。

　　──原發表於二○二二年二月廿八日《孔孟月刊》第六
　　十卷第五、六期。

33　朱熹:《論語集注・八佾》,見朱熹:《四書章句集注》,頁84-85。
34　朱熹:《論語集注・為政》:「子張學干祿。子曰:『多聞闕疑,慎言其餘,則寡尤;
　　多見闕殆,慎行其餘,則寡悔。言寡尤,行寡悔,祿在其中矣。』」見朱熹:《四書
　　章句集注》,頁76。

柒　肖似孔子的孔門弟子有若之志行

前言

　　《論語》可以說是孔子的言行錄，其首篇〈學而〉的第一章為「子曰：『學而時習之，不亦說乎！有朋自遠方來，不亦樂乎！人不知而不慍，不亦君子乎！』」[1]所記錄者乃孔子的話語，內容為孔子所體悟的學而時習之愉悅、朋友講習之喜樂、學在於己而非欲求人知的君子風範，凡此皆足以顯現孔子一生精神之所在。如此安排，誠屬順理而成章。

　　然則令人頗為好奇的是〈學而〉第二章記錄的竟然是孔子後進弟子有若之言：「有子曰：『其為人也孝弟，而好犯上者，鮮矣；不好犯上，而好作亂者，未之有也。君子務本，本立而道生。孝弟也者，其為仁之本與！』」[2]雖然強調君子當務其本，以為孝弟乃為仁之本，內容深契孔子思想的要旨；但所錄者既非孔子之言，也非孔門其他高弟之言。如此安排，究竟是有意或屬巧合？難免令人困惑。

　　按有若雖為孔子弟子，但相較於孔子其他弟子，如顏淵、子路、子貢、子夏等，並不為人所習知；先秦兩漢之書對他的記載也很有限。他的志行如何，如不能掌握其大概，勢必增加眾人的疑慮。為

1　朱熹：《論語集注・學而》，見朱熹：《四書章句集注》（臺北：大安出版社，2005年），頁61。

2　朱熹：《論語集注・學而》，見朱熹：《四書章句集注》，頁62。

此，本文乃根據傳世的少數資料，對他的所志所行分為三點略加紹述，以期約略有助於大家理解：何以《論語》首篇的第二章即記錄有若的話語。

一　賦性勇武熱血　附論有若的年齡

根據《左傳》記載，吳王夫差於打敗越王勾踐之後，志得意滿，想北上中原爭霸。於魯哀公八年（西元前487）率師伐魯，一路攻城掠地，最後駐軍於離魯國首都曲阜不遠的泗水。魯國大夫微虎眼看情勢危急，為救亡圖存，乃在所率領的七百軍士中，甄選出三百名勇士，組成敢死隊，意圖夜襲夫差，有若即為入選的三百勇士之一。後來有人勸阻魯國掌權大夫季孫肥，認為如此莽動，並不足以動搖吳國，反而讓自己的勇士白白犧牲，因此微虎的計畫並未實行。但夫差聞知之後，為免被侵害，竟連夜換了三處住所。最後了解到並無法一舉殲滅魯國，遂與魯國談和而未繼續動干戈。[3]

由此看來，有若能入選敢死隊，可見其勇武過人，並且具有報國的熱忱。事雖因另有顧慮而未成，但有若之赤膽忠心，誠令人敬佩不止。

有若之獲選為敢死隊隊員，牽涉到他當時的年齡，有關他的年齡，歷來有三種說法，茲引述辨說如下：

3　《左傳》之相關記載為：「三月，吳伐我，……吳師克東陽而進，……遂次於泗上。微虎欲宵攻王舍，私屬徒七百人，三踊於幕庭，卒三百人，有若與焉。及稷門之內，或謂季孫曰：『不足以害吳，而多殺國士，不如已也。』乃止之。吳子聞之，一夕三遷。吳人行成。」見左丘明著，杜預注，孔穎達疏：《春秋左傳正義·哀公八年》（臺北：藝文印書館，據清嘉慶二十年江西南昌府學開雕本影印，1955年），頁1012。

　　一說為據《史記・仲尼弟子列傳》云：「少孔子十三歲。」[4]若然，魯哀公八年，孔子六十五歲，則有若年已五十二歲，似嫌年齡過大，可能性極低。故崔述《洙泗考信餘錄》對此即抱持懷疑的態度，曰：「吳之伐魯也，微虎欲宵攻王舍，有若踊於幕庭，當是少壯時事。而列傳謂其少孔子十三歲，則當時已五十有四，力已衰矣！」[5]

　　二說為據《孔子家語・七十二弟子解》云：「魯人，字子有，少孔子三十六歲。」[6]錢穆《先秦諸子繫年・二九孔子弟子通考》從之，謂「據此則《家語》之年為當。」但錢先生又稱「微虎之事在魯哀公八年，有子蓋年二十四。」[7]按魯哀公八年，如有若少孔子三十六歲，則有若之年齡應為二十九；如據錢先生稱「正義引家語」，謂「或說少三十三歲」，則有若年三十二，年齡更大；總之，皆非「年二十四」，錢先生之推算顯然有誤。按有若如以二十九歲或三十二歲之年入選為敢死隊隊員，雖無不可，但可能性實仍低而未必可從。

　　三說為邢昺《論語注疏・學而》云：「《史記・弟子傳》云有若少孔子四十三歲。」[8]據是，則魯哀公八年，有若年二十二，正當年輕力壯之時，衡諸情理，此說應屬正確可取。

4　司馬遷撰，裴駰集解，司馬貞索隱，張守節正義：《史記・仲尼弟子列傳》（臺北：藝文印書館，據清乾隆武英殿刊本景印），1958年，頁885。

5　崔述：《洙泗考信餘錄》，見《叢書集成初編》（上海：商務印書館，據《畿輔叢書》本排印，1937年），卷3，頁69。按崔述謂哀公八年，有若「當時已五十有四」，推算有誤。

6　王肅注：《孔子家語・七十二弟子解》，見《新編諸子集成》（臺北：世界書局，1972年），第2冊，頁88。

7　錢穆：《先秦諸子繫年考辨・二九　孔子弟子通考》，見《錢賓四先生全集》（臺北：聯經出版公司，1998年），第5冊，頁90-91。按錢著據「正義引家語」，謂「或說少三十三歲。」與本《孔子家語》所載不同。

8　何晏集解，邢昺疏：《論語正義・公冶長》（臺北：藝文印書館，據清嘉慶二十年江西南昌府學開雕本影印，1955年），頁5。按邢昺所述與今本《史記・仲尼弟子列傳》不同，當別有所據。

二 學主務本達用 附論有若弟子並未參與《論語》之編纂

　　《論語》所載有若之言論計共四章，前三章出現於〈學而〉篇，後一章出現於〈顏淵〉篇；其中兩章與務本相關，兩章與達用相關，分別論述如下：

　　與務本相關者，其一為：

　　　　有子曰：「其為人也孝弟，而好犯上者，鮮矣；不好犯上，而好作亂者，未之有也。君子務本，本立而道生。孝弟也者，其為仁之本與！」[9]

除指出能孝弟則可以避免出現犯上、作亂的行為外，進而強調孝弟為仁之本，以為君子當務其本，躬行孝弟而仁道即可因此而生。故朱熹集注曰：「言君子凡事專用力於根本，根本既立，則其道自生。若上文所謂孝弟，乃是為仁之本，學者務此，則仁道自此而生也。」[10]

　　與務本相關者之二為：

　　　　哀公問於有若曰：「年饑，用不足，如之何？」有若對曰：「盍徹乎？」曰：「二，吾猶不足，如之何其徹也？」對曰：「百姓足，君孰與不足？百姓不足，君孰與足？」[11]

魯君向百姓抽取十分之二的稅，於饑荒之年頗感財用不足，問計於有若，不料有若竟然回答改採「徹」（抽取十分之一的稅）之制，即可

9　朱熹：《論語集注‧學而》，見朱熹：《四書章句集注》，頁62。
10　朱熹：《論語集注‧學而》，見朱熹：《四書章句集注》，頁62。
11　朱熹：《論語集注‧顏淵》，見朱熹：《四書章句集注》，頁187。

獲得改善。從表面上看來，有若似有答非所問或迂腐之嫌，其實不然，故朱熹集注引楊時之言曰：「仁政必自經界始，經界正，而後井地均，穀祿平，而軍國之需皆量是以為出焉，故一徹而百度舉矣，上下寧憂不足乎？以二猶不足而教之徹，疑若迂矣，然什一，天下之中正，多則桀，寡則貉，不可改也。後世不究其本而惟末之圖，故征斂無藝，費出無經，而上下困矣。又惡知盍徹之當務而不為迂乎？」[12]

　　按孔子論政，主張「節用而愛人。」[13]故當其高弟冉求為季氏宰，竟為之聚斂民財，孔子甚不以為然，乃要求群弟子聲討其罪責，曰：「非吾徒也，小子鳴鼓而攻之可也。」[14]另如「哀公問政於孔子，孔子對曰：『政之急者，莫大乎使民富且壽也。』公曰：『為之奈何？』孔子曰：『省力役，薄賦斂，則民富矣。敦禮教，遠罪疾，則民壽矣。』公曰：『寡人欲行夫子之言，恐吾國貧矣！』孔子曰：『《詩》云：「愷悌君子，民之父母。」未有子富而父母貧者。』」[15]乃所願則學孔子的孟子也說：「王如施仁政於民，省刑罰，薄稅斂，深耕易耨。壯者以暇日修其孝悌忠信，入以事其父兄，出以事其長上，可使制梃以撻秦楚之堅甲利兵矣。」[16]與孟子並列為戰國儒家兩大宗師的荀子亦云：「下貧則上貧，下富則上富，故田野縣鄙者，財之本也；垣窌倉廩者，財之末也；百姓時和，事業得敘者，貨之源也；等賦府庫者，貨之流也。故明主必謹養其和，節其流，開其源，而時斟酌焉，潢然使天下必有餘，而上不憂不足。如是，則上下俱富，交無

12　朱熹：《論語集注・顏淵》，見朱熹：《四書章句集注》，頁187。
13　朱熹：《論語集注・學而》：「子曰：『道千乘之國，敬事而信，節用而愛人，使民以時。』」見朱熹：《四書章句集注》，頁63。
14　朱熹：《論語集注・先進》：「季氏富於周公，而求也為之聚斂而附益之。子曰：『非吾徒也，小子鳴鼓而攻之可也。』」見朱熹：《四書章句集注》，頁174。
15　王肅注：《孔子家語・賢君》，見《新編諸子集成》，第2冊，頁31-32。
16　朱熹：《孟子集注・梁惠王上》，見朱熹：《四書章句集注》，頁285。

所藏之,是知國計之極也。」[17]

綜上所述,可見孔、孟、荀等儒家代表人物所極力主張者,乃是
輕徭薄斂,藏富於民的政策。有若回答魯哀公之問,以為「百姓足,
君孰與不足?百姓不足,君孰與足?」其理念明顯的乃承自孔子,以
後同為孟、荀繼踵,而成為儒家一貫的傳統焉。

除與務本相關的兩章以外,與達用相關的兩章之一為:

> 有子曰:「禮之用,和為貴。先王之道斯為美,小大由之。有
> 所不行,知和而和,不以禮節之,亦不可行也。」[18]

按行禮時因身分之尊卑、關係之親疏,必須有不同的儀則等差,不容
混淆,才不至於造成或過或不及的偏失。如此各守其分際,各盡其所
宜,則可以達到和諧而不爭的境地。先王所定讓眾人遵循之道,可貴
之處即在於有此分別等差,而事無大小皆可以依此標準而行。惟禮之
目標雖然在於和諧不爭,但若僅追求和諧不爭,而不顧上下遠近,毫
無等差以為節制,則凡事皆將窒礙而無法推行。由此可知有若所強調
者,乃在於得其中而無過與不及之弊,如此才能達到行禮的真正效
用。[19]

---

17 楊倞注,王先謙集解:《荀子集解·富國篇》,見《新編諸子集成》(臺北:世界書
　局,1972年),第2冊,頁126。

18 朱熹:《論語集注·學而》,見朱熹:《四書章句集注》,頁67。

19 從有若所言觀之,純粹就禮之效用而言,故朱熹集注曰:「禮者,天理之節文,人
　事之儀則也。和者,從容不迫之意。蓋禮之為體雖嚴,而皆出於自然,故其為用,
　必從容而不迫,乃為可貴。先王之道,此其所以為美,而小事大事無不由之也。」
　但也有部分學者則將有若所講之「禮」與「樂」連結,如朱熹集注引「程子(頤)
　曰:『禮勝則離,故禮之用和為貴。先王之道以斯為美,而大小由之。樂勝則流,
　故有所不行者,知和而和,不以禮節之,亦不可行。』」又引「范氏(祖禹)曰:
　『凡禮之體主於敬,而其用則以和為貴。敬者,禮之所以立也;和者,樂之所由生

與達用相關者之二為：

> 有子曰：「信近於義，言可復也。恭近於禮，遠恥辱也。因不失其親，亦可宗也。」[20]

強調出言而能合乎道義，必能守信踐言。待人而能合乎禮節分際，必能不遭受恥辱。依附典範能選擇確實值得尊敬者，則必能因而獲得他人的推崇。所講者為修己待人而能取法乎上的道理，目標乃在於達到建立良好的人際關係並提升自己學養的最佳效用。

綜合上舉《論語》所載四章有若之言論，可見有若學主務本達用，或強調以孝弟為本以培養仁道，或主張省斂節用以裕民生，或注重禮之效用以促進和諧，或講求提升學養之道。如此教養兼施，彼此相輔相成，儒家所標榜的王道之治即可因而達成。

有關《論語》的編纂者，歷來有不少說法，其中有一說為朱熹《論語集注》引程子之言云：「程子曰：『《論語》之書，成於有子、曾子之門人，故其書獨二子以子稱。』」[21]按此說並不可信，蓋《論語》中並非僅有有子、曾子以子稱，〈雍也〉篇有「冉子（冉有）為其母請粟」、「冉子與之粟五秉」，〈先進〉篇有「閔子（閔子騫）侍側」之文。另姚鼐《古文辭類纂‧柳子厚論語辯》注云：「〈檀弓〉最推子游，似子游之徒所為，而於子游稱字，曾子、有子稱子，似聖門相沿稱皆如此，非以字與子為重輕也。」[22]可見程子之說似是而實

也。若有子可謂達禮樂之本矣。』」以「禮」、「樂」相須相配，亦屬合於有若之意，掌握到儒學的本旨。見朱熹：《四書章句集注》，頁67。

20 朱熹：《論語集注‧學而》，見朱熹：《四書章句集注》，頁67。

21 朱熹：《論語集注‧論語序說》，見朱熹：《四書章句集注》，頁58。

22 姚鼐輯：《古文辭類纂‧柳子厚論語辯二首注》，見《四部備要》（臺北：臺灣中華書局，據滁州李氏求要堂校本校刊，1971年），卷7，頁6。

非，並不能讓人信服。

　　考《論語》中所載有若之言論僅四章，既遠不如顏淵、子路、子貢、子夏等之動輒二三十章，其所占《論語》將近五百章中，尚不及十分之一。如有若之門人確實參與編纂，則所錄有若之言不應如此之少。由此亦可證明程子之說既無確據，於情理上亦不可通也。

三　同儕擬推舉為師

　　孔子於魯哀公十六年（西元前479），年七十三時謝世，弟子們在守喪完畢後，對他仍滿懷思慕，於是有人倡議推舉「似」孔子的有若為師。《孟子・滕文公上》、《史記・仲尼弟子列傳》皆載其事，但所載並不盡同。茲先列兩家之說如下，再進行比較。

　　《孟子・滕文公上》曰：

> 昔者孔子沒，三年之外，門人治任將歸，入揖於子貢，相嚮而哭，皆失聲，然後歸。子貢反，築室於場，獨居三年，然後歸。他日，子夏、子張、子游以有若似聖人，欲以所事孔子事之，彊曾子，曾子曰：「不可。江漢以濯之，秋陽以暴之，皜皜乎不可尚已。」[23]

《史記・仲尼弟子列傳》曰：

---

23 朱熹：《孟子集注・滕文公上》，見朱熹：《四書章句集注》，頁361。按「江漢以濯之，秋陽以暴之，皜皜乎不可尚已。」朱熹集注曰：「江漢水多，言濯之潔也。秋日燥烈，言暴之乾也。皜皜，潔白貌。尚，加也。言夫子道德明著，光輝潔白，非有若所能彷彿也。或曰：『此三語者，孟子贊美曾子之辭也。』」以前一說為可取。

孔子既沒，弟子思慕。有若狀似孔子，弟子相與共立為師，師
之如孔子之時也。他日，弟子進問曰：「昔夫子當行，使弟子
持雨具，已而果雨。弟子問曰：『夫子何以知之？』夫子曰：
『《詩》不云乎！月離于畢，俾滂沱矣！昨暮月不宿畢乎？』
他日，月宿畢，竟不雨。商瞿年長無子，其母為取室。孔子使
之齊，瞿母請之，孔子曰：『無憂，瞿年四十後當有五丈夫
子。』已而果然。敢問夫子何以知此？」有若默然無以應，弟
子起曰：「有子避之，此非子之座也。」[24]

　　比較兩家所載，可以發現有兩大差異。一為何以要推舉有若為
師？孟子云：「以有若似聖人，欲以所事孔子事之。」《史記》云：
「有若狀似孔子，弟子相與共立為師。」如依《史記》「狀似孔子」
之說，則謂有若的體型狀貌類似於孔子，故弟子共推之以為師。但
《孟子》則僅稱「以有若似聖人」，並未標明「狀」似，且其所謂聖
人，應指孟子心目中的聖人——孔子。[25]但所謂「似」究何所似？朱
熹《孟子集注》云：「有若似聖人，蓋其言行氣象有似之者，如〈檀
弓〉所記子游謂有若之言似夫子之類是也。」[26]按所謂「似」所指應

---

24 司馬遷撰，裴駰集解，司馬貞索隱，張守節正義：《史記‧仲尼弟子列傳》，頁886。
25 按孟子所指以為聖人者，僅有伯夷、伊尹、柳下惠、孔子四人，曰：「伯夷，聖之
　　清者也；伊尹，聖之任者也；柳下惠，聖之和者也。孔子，聖之時者也。孔子之謂
　　集大成也者，金聲而玉振之也。金聲也者，始條理也；玉振之者，終條理也。始條
　　理者，智之事也；終條理也，聖之事也。智，譬則巧也；聖，譬則力也。由射於百
　　步之外也，其至，爾力也；其中，非爾力也。」前三人難免陷於一偏，唯有孔子能
　　得其全，故朱熹集注曰：「三子之行，各極其一偏；孔子之道，兼全於眾理。」故
　　孟子心目中的聖人只有孔子。引文見朱熹：《孟子集注‧萬章下》，見朱熹：《四書
　　章句集注》，頁440。
26 朱熹：《孟子集注‧滕文公上》，見朱熹：《四書章句集注》，頁364。按朱熹所謂
　　「如〈檀弓〉所記」云云，見《禮記‧檀弓上》：「有子問於曾子曰：『聞喪於夫子
　　乎？』曰：『聞之矣！「喪欲速貧，死欲速朽。」』有子曰：『是非君子之言也。』曾

較重在內涵而非外貌，朱熹集注之解應屬得當而可從。

二為有若是否確定被推舉為師？依《孟子》所載，孔門弟子雖有此擬議，但因曾子反對，故並未實現。但如依《史記》所載，有若確實已被立為師，但後來因未能回答弟子所問，乃被轟下臺。

對照兩段記載，孟子曾謂「宰我、子貢、有若，智足以知聖人。汙，不至於阿其所好。……有若曰：『豈惟民哉？麒麟之於走獸，鳳凰之於飛鳥，太山之於丘垤，河海之於行潦，類也。聖人之於民，亦類也。出於其類，拔乎其萃，自生民以來，未有盛於孔子也。』」[27]有若對孔子，既「智足以知」之，又「汙，不至於阿其所好」，且以出類拔萃、生民未有等語推尊之，可謂已達到無以復加之境地。另有若曾謂「恭近於禮，遠恥辱也。」所言如此，豈有不自知而冒然就孔子原有之座而自取其辱？至於《史記》所載，謂孔子預知天將雨，又預知弟子商瞿年四十後當生五子，雖未必如孔子所反對的怪力亂神，但頗類於卜卦算命者所言，顯然不符常理，更有失聖門風格，故吾人不得不認為此乃史公失察之筆。是故洪邁《容齋隨筆》「有若」條下曰：「《史記》有若傳云，孔子沒，弟子以若狀似孔子，立以為師。他日，進問曰……有若無以應。弟子起，曰有子避之，此非子之座也。予謂此兩事殆近於星曆卜祝之學，何足以為聖人，而謂孔子言之乎？

子曰：『參也聞諸夫子也。』有子又曰：『是非君子之言也。』曾子曰：『參也與子游聞之。』有子曰：『然。然則夫子有為言之也。』曾子以斯言告於子游，子游曰：『甚哉！有子之言似夫子也。昔者夫子居於宋，見桓司馬自為石槨，三年而不成，夫子曰：「若是其靡也，死不如速朽之愈也。」死之欲速朽，為桓司馬言之也。南宮敬叔反，必載寶而朝，夫子曰：「若是其貨也，喪不如速貧之愈也。」喪之欲速貧，為敬叔言之也。』曾子以子游之言告有子，有子曰：『然，吾固曰非夫子之言也。』曾子曰：『子何以知之？』有子曰：『夫子制於中都，四寸之棺，五寸之槨，以斯知不欲速朽也。昔者夫子失魯司寇，將之荊，蓋先之以子夏，又申之以冉有，以斯知不欲速貧也。』」見鄭玄注，孔穎達疏：《禮記正義・檀弓上》（臺北：藝文印書館，據清嘉慶二十年江西南昌府學開雕本影印，1955年），頁144-145。

27 朱熹：《孟子集注・公孫丑上》，見朱熹：《四書章句集注》，頁320。

有若不能知，何所加損，而弟子遽以是斥退之乎？孟子稱子夏、子張、子游以有若似聖人，欲以所事孔子事之，曾子不可，但言江漢、秋陽不可尚而已，未嘗深詆也。《論語》記諸善言，以有子之言為第二章，在曾子之前，使有避座之事，弟子肯如是哉？〈檀弓〉載有子聞曾子『喪欲速貧，死欲速朽』兩語，以為『非君子之言』，又以為『夫子有為言之』。子游曰：『甚哉！有子之言似夫子也。』則其為門弟子所敬久矣。太史公之書，於是為失矣。且門人所傳者道也，豈應以狀貌之似而師之邪？」[28]論述合情順理，允為定評。

結語

　　綜上所述，可見有若年輕時勇武過人，且饒具愛國熱忱；其後投至孔子門下，接受仁道禮教的薰陶；成為一文武兼資之人。其在孔門，據《論語》所載，語雖不多，但皆能掌握孔子思想的要點，諸如重視孝弟，以為乃為仁之本；強調禮的運用，以和為貴；注重守信踐言以遠離恥辱，敬所當敬者等待人處世之道。在政經方面則主張輕徭薄斂，以藏富於民。凡若此等皆與孔子思想若合符節。故當孔子逝世之後，即有同儕擬推之為師，有若在孔門中的地位由是可以推知。故《黃氏日抄》「有若似聖人一章」條下曰：「門人以有若言行氣象類孔子，而欲以所事孔子事之。有若之所學何如也？曾子以孔子非有若可繼而止之。孔子，自生民以來未之有，宜非有若之所可繼，而非故貶有若也。有若雖不足以比孔子，而孔門之所推尚，一時皆無有若比可知。」[29]

28 洪邁：《容齋隨筆》（北京：中華書局，2006年），頁198。

29 黃震：《黃氏日抄》（臺北：大化書局，據日本立命館大學圖書館藏宋版校刻影印，1984年），頁23。

　　按孔子死後第二年，魯哀公下令在曲阜闕里孔子的舊宅立廟，並且按歲時祭祀。當時的規模簡陋，僅小屋三間而已，但從漢朝起，由於孔子受到朝野的尊崇，不僅在曲阜的孔廟歷經各朝代的不斷增建，規模宏大，全國各地也陸續興建許多孔廟。曲阜孔廟原本僅祭祀孔子，直到東漢明帝親赴曲阜祭祀孔子，並以孔子七十二弟子配，此為祭孔有配享的開始。各地孔廟的配享遞經演變，迄今供奉於大成殿者，除至聖先師孔子以外，尚有四配（東配復聖顏回、述聖子思，西配宗聖曾子、亞聖孟軻）、十二哲（原孔門四科十哲中的顏淵升為四配中的復聖，補進子張，後又補進朱熹、有若。）（東哲閔子騫、冉仲弓、子貢、子路、子夏、有若，西哲冉伯牛、宰我、冉求、子游、子張、朱熹），另於東、西兩廡供奉對傳承、發揚儒學有貢獻之先賢七十九人、先儒七十七人。有若最先被列為先賢，其後升為十二哲之一，位列東哲第六，終於還其在孔門應有的地位。

　　有若之言除被收錄於《論語‧學而》第二章以外，復按《論語》首篇〈學而〉計共十六章，其中所列八章為孔子之言，三章為有若之言，二章為曾子之言，二章為子貢之言[30]，一章為子夏之言。計孔子與孔門弟子各居其半，而孔門弟子中有若所占獨多。何以如此安排？以文獻難徵，無法斷言，但若謂純屬巧合，恐未必能令人完全信服也。

　　　　──原發表於二○二二年四月廿八日《孔孟月刊》第六十卷第七、八期。

---

30 其中一章子貢之言，實為子禽問而子貢答者，曰：「子禽問於子貢曰：『夫子至於是邦也，必聞其政，求之與？抑與之與？』子貢曰：『夫子溫、良、恭、儉、讓以得之，夫子之求也，其諸異乎人之求之與！』」見朱熹：《四書章句集注》，頁66。核實而論，子貢尚不足二章。

捌　被孔子稱許為君子的孔門弟子宓子賤

前言

在孔子的心目中，涵養的最高境界無疑的是「聖」，據《論語·雍也》記載：

> 子貢曰：「如有博施於民而能濟眾，何如？可謂仁乎！」子曰：「何事於仁，必也聖乎！堯、舜其猶病諸。夫仁者，己欲立而立人，己欲達而達人，能近取譬，可謂仁之方也已。」[1]

乍看之下，聖與仁似為二事，但仁乃眾德的統稱，聖則為成德之名，亦即要成聖必須行仁，故仁與聖實密切關聯而不可分，因此孔子於回答子貢之問，於「何事於仁，必也聖乎」之後，所述即為己立立人，己達達人，能近取譬的仁之方。孔子甚至於在《論語·述而》中，以聖、仁並稱，自謙不敢承擔，其言曰：

> 子曰：「若聖與仁，則吾豈敢？抑為之不厭，誨人不倦，則可謂云爾已矣。」公西華曰：「正唯弟子不能學也。」[2]

1　朱熹：《論語集注·雍也》，見朱熹：《四書章句集注》（臺北：大安出版社，2005年），頁123。

2　朱熹：《論語集注·述而》，見朱熹：《四書章句集注》，頁136。

聖與仁的境界既然如此高卓，連孔子都謙稱未能企及，更何況眾人？然而孔子為鼓勵大家日進其德，認為雖無法得見聖人，但如能見到君子也就很可取了：

> 子曰：「聖人，吾不得而見之矣；得見君子者，斯可矣。」[3]

因而《論語》中對君子所論獨多，竟高達一百零七次，且常以君子與小人對比，以顯現君子之可貴。其所稱君子與小人，除少數係用以分別在位者與老百姓以外，絕大部分是就道德涵養的高下而作區劃。

聖與仁的境界極高，故孔子不輕易以仁許人，[4]君子雖次於聖與仁，然而也必須道德涵養造詣深者，始足以當之，[5]故孔子也不輕易以君子許人。綜觀《論語》全書，孔子讚賞弟子為君子者僅有兩處，分別見於〈憲問〉與〈公冶長〉：

> 南宮适問於孔子曰：「羿善射，奡盪舟，俱不得其死然；禹、稷躬稼，而有天下。」夫子不答。南宮适出，子曰：「君子哉若人！尚德哉若人！」[6]

3　朱熹：《論語集注‧述而》，見朱熹：《四書章句集注》，頁133。

4　朱熹：《論語集注‧公冶長》：「孟武伯問：『子路仁乎？』子曰：『不知也。』又問，子曰：『由也，千乘之國，可使治其賦也，不知其仁也。』『求也何如？』子曰：『求也，千室之邑，百乘之家，可使為之宰也，不知其仁也。』『赤也何如？』子曰：『赤也，束帶立於朝，可使與賓客言也，不知其仁也。』」孔子分別指出子路、冉求、公西赤之才幹，然皆不以仁許之。見朱熹：《四書章句集注》，頁104。

5　《論語‧學而》：「（子曰）人不知而不慍，不亦君子乎！」下皇侃疏曰：「君子，有德之稱也。」見何晏集解，皇侃義疏：《論語集解義疏》（臺北：廣文書局，1977年），頁5。朱熹集注曰：「君子，成德之名。」見朱熹：《四書章句集注》，頁61。

6　朱熹：《論語集注‧憲問》，見朱熹：《四書章句集注》，頁208。

子謂（宓）子賤，「君子哉若人！魯無君子者，斯焉取斯？」[7]

　　按南宮适見於《論語》者共三章，雖屬有限，但就所記內容尚可略見其言行的大概。[8]至於宓子賤，則見於《論語》者僅此一章而已，且只見孔子對他的稱許，無從考見其言行。為了解孔子何以稱許他為君子，本文乃試圖從先秦兩漢極為稀少的記載中，將其所志所行歸納為：一、轉益多師，知人善任；二、化民有方，惠及小魚；三、思考正向，仕宦有得。以見孔子對他的讚賞，蓋實有所見而云然也。

一　轉益多師，知人善任

　　宓子賤，姓宓，名不齊，字子賤，魯國人，其生平資料史書所載有限，只知他曾任魯國單父（又作亶父，在今山東省單縣南）宰。但有關他治理單父的情形，乍看似有相互矛盾之處，或稱他急於展現績效而憂心忡忡，以致身形消瘦；或稱他彈鳴琴而身不下堂，很輕鬆愉快的將單父治理得很好。前者如《韓非子・外儲說左上》云：

　　宓子賤治單父，有若見之，曰：「子何臞也？」宓子曰：「君不知不齊不肖，使治單父，官事急，心憂之，故臞也。」有若曰：「昔者舜鼓五絃之琴，歌〈南風〉之詩而天下治。今以單父之細也，治之而憂，治天下將奈何乎？故有術而御之，身坐於廟堂之上，有處女子之色，無害於治。無術而御之，身雖瘁

7　朱熹：《論語集注・公冶長》，見朱熹：《四書章句集注》，頁102。

8　參見拙著：〈孔門中的孔子親戚——親族：孔忠、孔鯉，戚族：南容、公冶長志行紹述〉，見《孔孟月刊》第60卷，第3、4期，頁1-9。已收入本書第伍篇。

臞，猶未有益。」⁹

後者如《呂氏春秋·察賢》曰：

> 宓子賤治單父，彈鳴琴，身不下堂而單父治。……宓子則君子
> 矣，逸四肢，全耳目，平心氣，而百官以治義矣，任其數而已
> 矣！¹⁰

《韓詩外傳·卷二·第二十四章》、《說苑·政理》皆有類似之記載。

兩說似有衝突，但仔細探究，當不難發現關鍵極可能在於有若對
宓子賤的勸導。宓子賤最先是「無術而御之」，故「身雖痤臞，猶未
有益」，後來聽從有若的建議，改而「有術而御之」，故能「身坐於廟
堂之上，有處女子之色，無害於治。」

所謂有術、無術，其區別可從《韓詩外傳》所載，宓了賤與孔子
另一弟子，也將單父治理得不錯的巫馬期，兩人治理方術上的比較
得知：

> 宓子賤治單父，彈鳴琴，身不下堂而單父治。巫馬期以星出，
> 以星入，日夜不居，以身親之，而單父亦治。巫馬期問於宓
> 子，宓子曰：「我之謂任人，子之謂任力。任力者故勞，任人
> 者故逸。」宓子則君子矣，逸四肢，全耳目，平心氣，而百官

9　王先慎：《韓非子集解·外儲說左上》，見《新編諸子集成》（臺北：世界書局，1972
　　年），第5冊，頁198。

10　高誘注，畢沅校：《呂氏春秋新校正·察賢》，見《新編諸子集成》（臺北：世界書
　　局，1972年），第7冊，頁277-278。「百官以治義矣」，義，宜也。「任其數」，數，
　　術也。

以治義矣，任其數而已矣。巫馬期則不然，弊生事精，勞手
足，煩教詔，雖治猶未至也。[11]

誠如宓子賤所言「我之謂任人」，亦即他能知人善任，遂能「任人者
故逸」。至於巫馬期則「任力」，以致「任力者故勞」，雖然也治理得
不錯，但「雖治猶未至也」，終究遜宓子賤一籌。

其實宓子賤在就任單父宰之前已做好準備工作，其一是設法諫請
魯國國君不干預其施政，據《呂氏春秋》記載：

宓子賤治亶父，恐魯君之聽讒人而令己不得行其術也。將辭而
行，請近吏二人於魯君，與之俱至於亶父。邑吏皆朝，宓子賤
令吏二人書，吏方將書，宓子賤從旁時掣搖其肘，吏書之不
善，則宓子賤為之怒。吏甚患之，辭而請歸。宓子賤曰：「子
之書甚不善，子勉歸矣。」二吏歸報於君，曰：「宓子不得為
書。」君曰：「何故？」吏對曰：「宓子使臣書，而時掣搖臣之
肘，書惡而有甚怒，吏皆笑宓子，此臣所以辭而去也。」魯君
太息而歎曰：「宓子以此諫寡人之不肖也。寡人之亂子，而令
宓子不得行其術，必數有之矣！微二人，寡人幾過。」遂發所
愛，而令之亶父，告宓子曰：「自今以來，亶父非寡人之有
也，子之有也。有便於亶父者，子決為之矣，五歲而言其
要。」宓子敬諾，乃得行其術於亶父。[12]

以從旁拉扯手肘，讓書吏無法好好書寫，藉此責怪書吏書寫不善，意

---

11 高誘注，畢沅校：《呂氏春秋新校正・察賢》，見《新編諸子集成》，第7冊，頁277-
　　278。

12 高誘注，畢沅校：《呂氏春秋新校正・具備》，見《新編諸子集成》，第7冊，頁234。

在委婉諷諫魯君如常牽制干擾，則自己將不能成事，終讓魯君完全授權，而得以使亶父大治。此即「掣肘」典故之由來。

宓子賤準備工作之二是分別向老師孔子及隱士陽晝請教治民之術。其與孔子師生對答的情形為：

> 宓子賤為單父宰，辭於夫子，夫子曰：「毋迎而距也，毋望而許也；許之則失守，距之則閉塞。譬如高山深淵，仰之不可極，度之不可測也。」子賤曰：「善，敢不承命乎！」[13]

孔子告訴他施政不可輕易拒人於門外，也不可輕易承諾；蓋輕易拒人將使自己難以了解全貌，輕易承諾則容易喪失原則。故施政必須審慎，讓人不易捉摸而利用，如同面對高山、深淵，既無從仰視巔峰，也難以測量深度。其與陽晝對答的情形為：

> 宓子賤為單父宰，過於陽晝，曰：「子亦有以送僕乎？」陽晝曰：「吾少也賤，不知治民之術，有釣道二焉，請以送子。」子賤曰：「釣道奈何？」陽晝曰：「夫投綸錯餌，迎而吸之者，陽橋也，其為魚薄而不美；若存若亡，若食若不食者，魴也，其為魚也博而厚味。」宓子賤曰：「善。」於是未至單父，冠蓋迎之者交接於道，子賤曰：「車驅之，車驅之，夫陽晝之所謂陽橋者至矣。」於是至單父，請其耆老尊賢者，而與之共治單父。[14]

---

13 劉向撰，趙善詒疏證：《說苑疏證・政理》（上海：華東師範大學出版社，1985年），頁188-189。

14 劉向撰，趙善詒疏證：《說苑疏證・政理》，頁189。

陽晝以容易上鉤，薄而不美的陽橋魚比喻逢迎奉承之輩；以不易上鉤，博而厚味的魴魚比喻不易羅致的年長而有賢德者。宓子賤心領神會，故尚未抵達單父，對絡繹於道，前來阿諛討好者避之唯恐不及。等到了單父，即延請年高德劭，深受尊重的賢者，與之共同治理單父。

有魯國的君王信任而充分授權，並向師友孔子、陽晝請教為政之道，又虛心接受同門有若的勸導，再加上本身的心領神會，擇可而行，宓子賤之治理單父乃能卓具成效。

二　化民有方，惠及小魚

宓子賤治理單父有成，轉益多師，知人善任固然是一大主因，其實他在照顧民生、任用賢能之外，更能注重教化，達到孔子所言「道之以德，齊之以禮，有恥且格」[15]的功效。據《韓詩外傳》記載：

> 子賤治單父，其民附。孔子曰：「告丘之所以治之者。」對曰：「不齊時發倉廩，振困窮，補不足。」孔子曰：「是小人附耳，未也。」對曰：「賞有能，招賢才，退不肖。」孔子曰：「是士附耳，未也。」對曰：「所父事者三人，所兄事者五人，所友者十有二人，所師者一人。」孔子曰：「所父事者三人，足以教孝矣。所兄事者五人，足以教弟矣。所友者十有二人，足以祛壅蔽矣。所師者一人，足以慮無失策，舉無敗功矣。昔者堯、舜清微其身，以聽觀天下，務來賢人。夫舉賢者，百福之宗也，而神明之主也。惜乎不齊之所為者小也，為之大功，乃與堯、舜參矣。《詩》曰：『愷悌君子，民之父

15　朱熹：《論語集注・為政》，見朱熹：《四書章句集注》，頁70。

母。』子賤其似之矣。」[16]

足以袪壅蔽,足以慮無失策,舉無敗功,當然有助於治道,而教孝、教弟,以厚植「仁之本」,以達到「小人學道則易使也」,[17]更屬有裨於治道,難怪孔子嘆惜他所治者小。

宓子賤推行教化,著眼於長遠的影響,既不斤斤計較眼前的小利,更避免造成後遺症,據《孔子家語》記載:

> 齊人攻魯,道由單父。單父之老請曰:「麥已熟矣,今齊寇至,不及人人自收其麥。請放民出,皆獲傅郭之麥,可以益糧,且不資于寇。」三請而宓子不聽。俄而,齊寇逮于麥。季孫聞之,怒,使人讓宓子曰:「民寒耕熱耘,曾不得食,豈不哀哉!不知猶可,以告者而不聽,非所以為民也。」宓子蹴然曰:「今茲無麥,明年可樹,若使不耕者穫,是使民樂有寇。且得單父一歲之麥,于魯不加強,喪之不加弱。若使民有自取之心,其創必數世不息。」季孫聞之,赧然而愧曰:「地若可入,吾豈忍見宓子哉?」[18]

宓子賤認為如放任並非當初耕種的百姓前往搶收將熟之麥,會讓他們

---

16 韓嬰撰,許維遹校釋:《韓詩外傳集釋》(北京:中華書局,2005年),卷8,第10章,頁282-283。《說苑‧政理》、《孔子家語‧辨政》皆有類似之記載,但文字略有不同。

17 朱熹:《論語集注‧學而》:「(有子曰)孝弟也者,其為仁之本與!」又《論語集注‧陽貨》:「……子游對曰:『昔者偃也聞諸夫子曰:「君子學道則愛人,小人學道則易使也。」』」見朱熹:《四書章句集注》,頁62、246。

18 王肅注:《孔子家語‧屈節解》,《新編諸子集成》(臺北:世界書局,1972年),第2冊,頁85-86。

產生不勞而獲的心理，甚至於期望敵寇來犯，將造成無法彌補的後遺症，故寧可讓齊軍獲得一時之利。由此可見宓子賤之教化人民，所重在於義而不在於利，而能為長遠設想。

宓子賤於時發倉廩，振困窮，補不足，賞有能，招賢才，退不肖之外；更教孝、教悌，以先義後利導民；其德澤乃能惠及小魚，據《呂氏春秋》所載：

> （宓子賤）行其術於亶父，三年，巫馬期短褐衣弊裘而往觀化於亶父。見夜漁者，得則舍之，巫馬期問焉，曰：「漁為得也，今子得而舍之，何也？」對曰：「宓子不欲人之取小魚也。所舍者小魚也。」巫馬期歸，告孔子曰：「宓子之德至矣。使民闇行，若有嚴刑於旁，敢問宓子何以至於此？」孔子曰：「丘嘗與之言曰：『誠乎此者刑乎彼』。宓子必行此術於亶父也。」[19]

所謂「有恥且格」者，即此之謂也。後來孟子所謂「不違農時，穀不可勝食也。數罟不入洿池，魚鼈不可勝食也；斧斤以時入山林，材木不可勝用也。」[20]荀子所謂「聖王之制也，草木榮華滋碩之時，則斧斤不入山林，不夭其生，不絕其長也。黿鼉魚鼈鰍鱔孕別之時，罔罟毒藥不入澤，不夭其生，不絕其長也。春耕夏耘秋收冬藏，四者不失時，故五穀不絕而百姓有餘食也。汙池淵沼川澤謹其時禁，故魚鼈優多而百姓有餘用也。斬伐養長不失其時，故山林不童，而百姓有

---

19 高誘注，畢沅校：《呂氏春秋新校正・具備》，見《新編諸子集成》，第7冊，頁234-235。「誠乎此者刑乎彼」，刑，通形。

20 朱熹：《孟子集注・梁惠王上》，見朱熹：《四書章句集注》，頁282。

餘材也。」[21]皆其遺意而更加推擴者也。以至於《呂氏春秋·十二紀》及《禮記·月令》中,每個月皆有禁制性規定,以保護幼弱之生物,而「不殀其生,不絕其長」,使萬物皆能得其長養而生生不息。凡是皆可見宓子賤之治理單父,能由教孝、教弟之親親,推而振困窮,補不足之仁民,推而惠及小魚之愛物,以展現儒家的仁愛精神。

三 思考正向,仕宦有得

孔子論聖,以為「如有博施於民而能濟眾,⋯⋯必也聖乎!」論仁,則謂「夫仁者,己欲立而立人,己欲達而達人,能近取譬。」論君子則認為「修己以敬」以後,還要「修己以安人」、「修己以安百姓。」[22]要達到上述目標,皆非獨善其身所可能。故孔子對於隱者之消極避世甚不以為然,[23]且有意於用世以濟人,據《論語·子罕》所載:

> 子貢曰:「有美玉於斯,韞匵而藏諸?求善賈而沽諸?」子曰:「沽之哉!沽之哉!我待賈者也。」[24]

---

21 楊倞注,王先謙集解:《荀子集解·王制篇》,見《新編諸子集成》(臺北:世界書局,1972年),第2冊,頁105。

22 朱熹:《論語集注·憲問》:「子路問君子。子曰:『修己以敬。』曰:『如斯而已乎?』曰:『修己以安人。』曰:『如斯而已乎?』曰:『修己以安百姓。修己以安百姓,堯、舜其猶病諸!』」見朱熹:《四書章句集注》,頁222。

23 孔子周遊列國,屢為隱者所譏,如微生畝謂其為「栖栖者」、「為佞」。石門之晨門謂其「知其不可為而為之」。衛之荷蕢者謂其「鄙哉!硜硜乎」而不知「深則厲,淺則揭。」(以上皆見〈憲問〉)楚狂接輿謂其「何德之衰」。長沮、桀溺質疑「滔滔者天下皆是也,而誰以易之?」荷蓧丈人謂其師徒「四體不勤,五穀不分。」(以上皆見〈微子〉)孔子則以為「鳥獸不可與同群,吾非斯人之徒與而誰與?」「不仕無義⋯⋯君臣之義,如之何其廢之?」不可「欲潔其身,而亂大倫。」(以上皆見〈微子〉)

24 朱熹:《論語集注·子罕》,見朱熹:《四書章句集注》,頁152。

朱熹集注曰：「子貢以孔子有道不仕，故設此二端以問也。孔子言固當賣之，但當待賈，而不當求之耳。」又引范（祖禹）曰：「君子未嘗不欲仕也，又惡不由其道。士之待禮，猶玉之待賈也。若伊尹之耕於野，伯夷、太公之居於海濱，世無成湯、文王，則終焉而已，必不枉道以從人，衒玉而求售也。」[25]蔣伯潛《語譯廣解四書讀本（論語）》曰：「此章全以比喻為問答，一『求』字一『待』字，最宜注意。子貢說『求賈而沽』，孔子則曰『待賈而沽』，直將生平不忘用世，而亦不肯枉道求用之心，全盤托出。蓋孔子本以救世為主，自然想握得政權，行他的道。不過要等有相當的國君來聘請，然後始出仕也。」[26]

　　綜上所述，可見孔子懷才德於身，志在博施濟眾，己立立人，己達達人，修己以安人、安百姓。其周遊列國所求者乃在於獲明主之禮遇重用，而行其道，遂其志。無奈事與願違，為此常鼓勵弟子從政，以為民謀福興利，故弟子從政者頗多。

　　據《論語》各篇所載，孔門弟子之從政者常向孔子問政，孔子亦頗注重弟子施政之情形。對宓子賤之治理單父，孔子曾表關切而問其得失：

　　　　（孔子）復往見子賤，曰：「自子之仕，何得何亡？」子賤曰：「自吾之仕，未有所亡，而所得者三：始誦之文，今履而行之，是學日益明也，所得者一也。奉祿雖少，饘粥得及親戚，是以親戚益親也，所得者二也。公事雖急，夜勤弔死視病，是以朋友益親也，所得者三也。」孔子謂子賤曰：「君

25　朱熹：《論語集注・子罕》，見朱熹：《四書章句集注》，頁152。
26　朱熹集注，蔣伯潛廣解：《語譯廣解四書讀本》（臺北：啟明書局，不著年月），《論語・子罕》，頁125。

哉若人！君子哉若人！魯無君子者，斯焉取斯？」[27]

在此之前，孔子已先往其兄孟皮之子孔蔑仕宦之地，以同樣問題詢之，然而其所答卻與宓子賤截然不同：

> 孔子兄子有孔蔑者，與宓子賤皆仕，孔子往過孔蔑，問之曰：「自子之仕者，何得何亡？」孔蔑曰：「自吾之仕未有所得，而有所亡者三：曰王事若襲，學焉得習？以是學不得明也，所亡者一也。奉祿少，饘粥不足及親戚，親戚益疏矣，所亡者二也。公事多急，不得弔死視病，是以朋友益疏矣，所亡者三也。」孔子不說。[28]

比較兩人之回答，可以看出孔蔑認為仕宦僅有失而毫無所得，論事較從負面著眼；但宓子賤則認為仕宦所得甚多，論事則能從正面著眼。

宓子賤既然有此健康的心態，任事必定積極進取，推以治理單父，自然能轉益多師、知人善任，並能化民有方，惠及小魚，而將孔子所教導之理念付諸實踐，故為孔子所深許為君子也。

結語

《論語》所載與宓子賤相關者只有載於〈公冶長〉的一章而已，該章文字甚簡，內容可大別為兩部分：一為孔子稱讚宓子賤曰「君子哉若人」，二為孔子接著說的「魯無君子者，斯焉取斯？」兩者雖簡短，但意涵頗豐富，很值得深入探究。

---

27 劉向撰，趙善詒疏證：《說苑疏證・政理》，頁189-190。
28 劉向撰，趙善詒疏證：《說苑疏證・政理》，頁189。

　　就孔子稱讚宓子賤曰「君子哉若人」而言，孔子所以有此讚語，理由何在？按在《論語》中，孔子對君子所論雖甚多，但他從未對君子下過明確的定義，而僅就行為表現以論定其是否為君子。依此標準而論，宓子賤任單父宰之所作所為，如在上任之前即能轉益多師，向師友請教為政之道，此與〈學而〉所載孔子所說：「君子……就有道而正焉，可謂好學也已。」[29]正相吻合。而其治理單父時，能知人善任，「請其耆老尊賢者，而與之共治單父」，此與〈子路〉所載孔子所說：「君子……及其使人也器之。」[30]亦屬符合。而其在單父推行教化，所重在義而不在利，此與〈里仁〉所載：「子曰：『君子之於天下也，無適也，無莫也，義之與比。』」「子曰：『君子喻於義，小人喻於利。』」[31]以及〈子路〉所載「子夏為莒父宰，問政。子曰：『無欲速，無見小利。欲速，則不達；見小利，則大事不成。』」[32]皆若合符節。至於《說苑》記載宓子賤回答孔子所問仕宦之所得所失時，認為未有所失而所得有三之後，即引用「孔子謂子賤『君子哉若人』」之語，可以推知孔子之稱讚宓子賤為君子，當與其正向思考有關。

　　綜而言之，宓子賤治理單父績效卓著，而能達到「其民附」、「而眾悅」，[33]使民眾安居樂業，以臻於「修己以安人」，而朝「修己以安百姓」之最高目標邁進，此與〈憲問〉所載：「子路問君子。子曰：『修己以敬。』曰：『如斯而已乎？』曰：『修己以安人。』曰：『如斯而已乎？』曰：『修己以安百姓。修己以安百姓，堯、舜其猶病

29　朱熹：《論語集注・學而》，見朱熹：《四書章句集注》，頁68。

30　朱熹：《論語集注・子路》，見朱熹：《四書章句集注》，頁205。

31　朱熹：《論語集注・里仁》，見朱熹：《四書章句集注》，頁95、97。

32　朱熹：《論語集注・子路》，見朱熹：《四書章句集注》，頁202。

33　前引《韓詩外傳》稱「子賤治單父，其民附。孔子曰：『告丘之所以治之者。』……」《說苑・政理》所述略同，作「孔子謂宓子賤曰：『子治單父而眾悅，語丘所以為之者。』……」，見劉向撰，趙善詒疏證：《說苑疏證・政理》，頁187。

諸！』」所描述者相同。亦與〈公冶長〉所載孔子讚頌子產者：「子謂子產，『有君子之道四焉：其行己也恭，其事上也敬，其養民也惠，其使民也義。』」[34]基本相符。

總之，宓子賤在單父的作為，與孔子所稱許的君子之行為表現皆能相合相應，故孔子以君子許之也。

就「魯無君子者，斯焉取斯？」而言，據朱熹集注云：「上斯斯此人，下斯斯此德。子賤蓋能尊賢取友以成其德者，故夫子既歎其賢，而又言若魯無君子，則此人何所取以成此德乎？因以見魯之多賢也。」[35]由是可知宓子賤之能成就君子之德，蓋有賴於其能以魯國多位君子為典範，見賢而思齊之也。其人包括宓子賤請教為政之道的孔子、陽晝，勸導其任人而不任力的有若，以及《韓詩外傳》所記「所父事者三人，所兄事者五人，所友者十有二人，所師者一人」正可見魯君子之多。蓋因宓子賤能以眾多君子為師友，故能成就自己為君子。據此，則孔子雖不輕易以君子許人，但亦肯定魯國多君子，可見要達到君子之境界並非不可能，其勉勵人努力修養以成為君子之意頗深也。

附記

據《韓非子·難言》所言：「宓子賤、西門豹不鬥而死人手。」既語焉不詳，且史無明文，再就其所述死於非命者十餘人中，疑信頗相參。另據《論衡·本性》所載：「周人世碩以為人性有善有惡，舉人之善性，養而致之則善長；惡性，養而致之則惡長。如此，則情性各有陰陽，善惡在所養焉。……宓子賤、漆雕開、公孫尼子之徒，亦

---

34 朱熹著《論語集注·公冶長》，見朱熹：《四書章句集注》，頁107。
35 朱熹著《論語集注·公冶長》，見朱熹：《四書章句集注》，頁102。

論情性，與世子相出入，皆言性有善有惡。」對性、情之定義不明，解說亦頗籠統。此兩段記述皆嫌粗疏而乏佐證，且與本文意旨無涉，故皆闕疑不論。

　　——原發表於二〇二二年六月廿八日《孔孟月刊》第六十卷第九、十期。

玖　從《史記》失載之孔門弟子林放、陳亢之問看孔子的教學

前言

　　孔子曾自述說：「吾十有五而志于學。」[1]此志雖至老而彌堅，故孔子又嘗自言道：「其為人也，發憤忘食，樂以忘憂，不知老之將至云爾。」[2]孔子所志究竟為何？據《論語‧述而》所記：

　　　　子曰：「若聖與仁，則吾豈敢？抑為之不厭，誨人不倦，則可謂云爾已矣！」公西華曰：「正唯弟子不能學也。」[3]

《孟子‧公孫丑上》亦云：

　　　　昔者子貢問於夫子曰：「夫子聖矣乎！」孔子曰：「聖則吾不能，我學不厭而教不倦也。」子貢曰：「學不厭，智也；教不倦，仁也。仁且智，夫子既聖矣！」[4]

1　朱熹：《論語集注‧為政》，見朱熹：《四書章句集注》（臺北：大安出版社，2005年），頁70。
2　朱熹：《論語集注‧述而》：「葉公問孔子於子路，子路不對。子曰：『女奚不曰，其為人也，發憤忘食，樂以忘憂，不知老之將至云爾。』」見朱熹：《四書章句集注》，頁131。
3　朱熹：《論語集注‧述而》，見朱熹：《四書章句集注》，頁136。
4　朱熹：《孟子集注‧公孫丑上》，見朱熹：《四書章句集注》，頁319。

　　孔子雖謙稱「豈敢」、「不能」，但已可見其所志乃在於學為聖
人、仁者，不僅自己學而不厭，且進而誨人不倦，成果斐然可觀，據
《史記‧孔子世家》謂「孔子以《詩》、《書》、禮、樂教，弟子蓋三
千焉，身通六藝者七十有二人。」[5]故司馬遷不僅將孔子列於《史
記》世家中，且為孔門弟子撰述〈仲尼弟子列傳〉，更在《史記‧孔
子世家》「太史公曰」下贊頌孔子道：「天下君王至于賢人眾矣，當時
則榮，沒則已焉。孔子布衣，傳十餘世，學者宗之。自天子王侯，中
國言六藝者折中於夫子。」並推尊孔子為「至聖」。[6]在《史記‧仲尼
弟子列傳》則引述「孔子曰：『受業身通者七十有七人，皆異能之士
也。』」[7]或詳或略的記敘其姓名年籍等。

　　孔門弟子「身通六藝者」或「受業身通者」到底是多少人？《史
記‧孔子世家》稱「七十有二人」，《史記‧仲尼弟子列傳》則云「七
十有七人」，數目並不盡同，但所謂身通者其實並無絕對標準，故如
《孟子‧公孫丑上》、《史記‧十二諸侯年表》、《漢書‧藝文志》等皆
稱「七十子」，蓋舉其成數也。

　　依《史記‧仲尼弟子列傳》所載，孔門弟子之「受業身通者」分
為兩部分，「自子石已右三十五人，頗有年名及受業聞見于書傳；其
四十有二人無年及不見書傳者紀于左。」[8]兩者相加共七十七人。

　　此七十七人如與記錄孔門弟子言行較多而可靠的《論語》互相對
照，則可發現「頗有年名及受業聞見于書傳」之三十五人中，有公皙
哀、商瞿、梁鱣、顏幸、冉孺、曹卹、伯虔、公孫龍八人，並不見載

5　司馬遷著，裴駰集解，司馬貞索隱，張守節正義：《史記‧孔子世家》（臺北：藝文
　　印書館，據清乾隆武英殿刊本景印，1958年），頁771。
6　司馬遷著，裴駰集解，司馬貞索隱，張守節正義：《史記‧孔子世家》，頁774。
7　司馬遷著，裴駰集解，司馬貞索隱，張守節正義：《史記‧仲尼弟子列傳》，頁877。
8　司馬遷著，裴駰集解，司馬貞索隱，張守節正義：《史記‧仲尼弟子列傳》，頁886。

於《論語》；至於「無年及不見書傳者」共四十二人，皆不見載於《論語》。

然而仔細查核，卻可發現見載於《論語》，為《史記》所不載，但曾被疑認為孔子弟子者，有申棖、琴牢、陳亢、孟懿子、孟武伯、孺悲、林放、子服景伯、左丘明九人。但此九人中，依所載內容判斷，其實未必皆為孔門弟子，不過林放、陳亢二人則可以確認為孔門弟子。

林放、陳亢之載於《論語》者並不多，且皆屬於發問，一為林放問於孔子，一為陳亢問於孔子之子孔鯉，難以藉而考見其志行，然則卻可推知孔子之教學態度及教學重點，故頗值得我們重視，茲分述之如下。

一　林放問孔子「禮之本」為何

林放之載於《論語》者僅兩章，皆見於〈八佾〉，雖然都很簡短，但林放均獲得孔子的肯定。其中一章為林放向孔子請教禮之本為何，屬師生之間的問答互動，其文曰：

> 林放問禮之本，子曰：「大哉問！禮，與其奢也，寧儉；喪，與其易也，寧戚。」[9]

林放何以有此問？孔子何以贊許其所問？據《論語・陽貨》所載，孔子有見於當時世俗之行禮作樂，往往捨本逐末，曾感嘆說：「禮云禮云，玉帛云乎哉！樂云樂云，鐘鼓云乎哉！」[10]林放極可能亦有見於此，故以之為問，因而受到孔子的稱許。朱熹《論語集注》

9　朱熹：《論語集注・八佾》，見朱熹：《四書章句集注》，頁82。
10　朱熹：《論語集注・陽貨》，見朱熹：《四書章句集注》，頁250。

云：「（林放）見世之為禮者專事繁文，而疑其本之不在是也，故以為問。」[11]蓋能深得孔子及林放之意旨。

　　林放與孔子師生間的問答既然是有感於世俗之弊而發，則孔子所答，為補偏救弊，難免會矯枉而過正，所謂「禮，與其奢也，寧儉；喪，與其易也，寧戚。」平情而論，其實並非禮之本。按《論語・述而》記載：「子曰：『奢則不孫，儉則固。與其不孫也，寧固。』」[12]蓋或失於過（奢則不孫），或失於不及（儉則固），寧不及而勿過，所以救時失也。朱熹集注曰：「奢、儉俱失中，而奢之害大。」又引晁氏（說之）曰：「不得已而救時之弊也。」[13]《禮記・檀弓上》記載：「子路曰：『吾聞諸夫子，喪禮，與其哀不足而禮有餘也，不若禮不足而哀有餘也。祭禮，與其敬不足而禮有餘也，不若禮不足而敬有餘也。』」[14]即此之謂也。

　　然則禮之本為何？《論語・雍也》記載：

　　　子曰：「質勝文則野，文勝質則史。文質彬彬，然後君子。」[15]

朱熹集注引楊氏（時）曰：「文質不可以相勝，然質之勝文，猶之甘可以受和，白可以受采也。文勝而至於滅質，則其本亡矣。雖有文，將安施乎？然則與其史也，寧野。」[16]《論語・八佾》亦載：

11　朱熹：《論語集注・八佾》，見朱熹：《四書章句集注》，頁82。

12　朱熹：《論語集注・述而》，見朱熹：《四書章句集注》，頁137。

13　朱熹：《論語集注・述而》，見朱熹：《四書章句集注》，頁137。

14　鄭玄注，孔穎達疏：《禮記正義・檀弓上》（臺北：藝文印書館，據清嘉慶二十年江西南昌府學開雕本影印，1955年），頁133。

15　朱熹：《論語集注・雍也》，見朱熹：《四書章句集注》，頁119。

16　朱熹：《論語集注・雍也》，見朱熹：《四書章句集注》，頁119。

子曰：「人而不仁，如禮何？人而不仁，如樂何？」[17]

朱熹集注引游氏（酢）曰：「人而不仁，則人心亡矣，其如禮樂何哉？言雖欲用之，而禮樂不為之用也。」又引程子（頤）曰：「仁者，天下之正理，失正理，則無序而不和。」[18]

結合上引兩章所載，可見禮之本乃在於人心之仁，而於發用之時，必須內在之誠意與外在之儀節配合允當，無過無不及而恰到好處，達到文質彬彬的境地。

《論語》述及林放的第二章為：

季氏旅於泰山。子謂冉有曰：「女弗能救與？」對曰：「不能。」子曰：「嗚呼！曾謂泰山，不如林放乎？」[19]

所載並非孔子與林放之間的師生互動，而係孔子見魯國當權大夫季氏將旅（祭祀名）於泰山，知弟子冉有無法諫止，乃藉贊美林放，闡明泰山之神不可能不如林放之明於禮，而接受此違禮之祭祀。

按《禮記・王制》云：「天子祭天下名山大川，……諸侯祭名山大川之在其地者。」[20]據此，天子可以祭祀屬於名山的泰山，因泰山在魯國境內，故魯國國君亦可以祭之；但季氏為魯國大夫，屬陪臣而非國君，依禮不得祭祀泰山，否則即為淫祀，淫祀並無法得到神明的祝福。[21]

17　朱熹：《論語集注・八佾》，見朱熹：《四書章句集注》，頁82。

18　朱熹：《論語集注・八佾》，見朱熹：《四書章句集注》，頁82。

19　朱熹：《論語集注・八佾》，見朱熹：《四書章句集注》，頁83。

20　鄭玄注，孔穎達疏：《禮記正義・王制》，頁242。

21　鄭玄注，孔穎達疏：《禮記正義・曲禮下》：「非其所祭而祭之，名曰淫祀，淫祀無福。」頁97。

季氏旅於泰山顯然已僭越禮制，孔子對於僭禮之事甚不以為然，每每加以譏責，如《論語‧八佾》記載：「孔子謂季氏八佾舞於庭，是可忍也，孰不可忍也？」[22]季氏乃大夫，依禮其樂舞為四佾，乃僭用天子之八佾，故孔子深疾之。又「三家以〈雍〉徹，子曰：『「相維辟公，天子穆穆」，奚取於三家之堂？』」[23]魯國執政大夫孟孫氏、叔孫氏、季孫氏於祭祀完畢後，在撤除祭品時竟然採用天子之禮，演奏《詩經‧周頌‧雍》之詩篇，故孔子譏其僭越妄作。魯國執政大夫屢屢僭禮越分，反而不如林放尚知問禮之本，兩相對照，故孔子乃深致其嘆惜也。

從林放問「禮之本」於孔子的師生互動，以及孔子後來對林放的稱許，就《論語》此二章的內容判斷，應該可以確認兩人有師生之誼。

二　陳亢問是否「有異聞」於伯魚

陳亢之見於《論語》者，究竟有幾章？各家看法不同。據前所述，《史記‧仲尼弟子列傳》並未列有陳亢，但《孔子家語‧七十二弟子解》則載有其人，並稱：「陳亢，陳人，字子亢，一字子禽，少孔子四十歲。」[24]按《論語‧季氏》載有「陳亢問於伯魚」章，〈學而〉載有「子禽問於子貢」章，〈子張〉載有「陳子禽謂子貢」章，因《孔子家語》有「(陳亢)一字子禽」之說，遂有人認為《論語》所載陳亢之言行共有三章。但也有認為〈子張〉所載「陳子禽謂子貢曰：『子為恭也，仲尼豈賢於子乎？』」語氣顯非孔子弟子所應言，故

---

22 朱熹：《論語集注‧八佾》，見朱熹：《四書章句集注》，頁81。
23 朱熹：《論語集注‧八佾》，見朱熹：《四書章句集注》，頁81。
24 王肅注：《孔子家語‧七十二弟子解》，見《新編諸子集成》（臺北：世界書局，1972年），第2冊，頁90。

不認為此章之陳子禽乃陳亢。更有認為〈學而〉所載「子禽問於子貢」章，既皆稱為子禽，且都問於子貢，則此兩子禽應屬同一人而皆非陳亢。[25]若然，則《論語》所載陳亢之言行只有載於〈季氏〉之一章。據該章內容判斷，既問於伯魚曰「子亦有異聞乎？」則陳亢應有聞於孔子，但懷疑（或好奇）孔子之子孔鯉是否有異聞？據此可以推知陳亢確為孔子弟子無疑。《論語》所載可以確信為孔子弟子陳亢之言者，其內容為：

> 陳亢問於伯魚曰：「子亦有異聞乎？」對曰：「未也。嘗獨立，鯉趨而過庭，曰：『學《詩》乎？』對曰：『未也。』『不學《詩》，無以言。』鯉退而學《詩》。他日又獨立，鯉趨而過庭，曰：『學禮乎？』對曰：『未也。』『不學禮，無以立。』鯉退而學禮。聞斯二者。」陳亢退而喜曰：「問一得三，聞《詩》，聞禮，又聞君子之遠其子也。」[26]

從此章可見孔子教導其子所重在學《詩》、學禮，以為「不學《詩》，無以言」，「不學禮，無以立」。陳亢或許原誤以為孔子教學有所保

25　《論語集解義疏·子張》「陳子禽謂子貢曰子為恭也」章下，皇侃疏云：「此子禽必非陳亢，當是同姓名之子禽也。」見何晏集解，皇侃義疏：《論語集解義疏》（臺北：廣文書局，1977年），頁687。又《論語正義·學而》「子禽問於子貢曰夫子至於是邦也」章下云：「《家語》既有原抗，字子籍，不當復有陳亢子禽矣，明係王肅竄入。」雖未必認為此子禽即〈子張〉之陳子禽，但明言此子禽必非陳亢。其論辯之文稍長，不具引。見劉寶楠：《論語正義》，見《新編諸子集成》（臺北：世界書局，1972年），第1冊，頁15。又《漢書·古今人表》將陳亢、陳子禽、陳子亢區分為三人，分別列於中中、中中、中下。見班固撰，顏師古注，王先謙補注：《漢書》（臺北：藝文印書館，據清光緒庚子日長沙王氏校刊本《漢書補注》影印，1958年），頁381、382。

26　朱熹：《論語集注·季氏》，見朱熹：《四書章句集注》，頁243。

留，但經此一問，乃恍然知曉孔子教學並無任何隱瞞，因而在喜於「聞《詩》，聞禮」之外，更曰「又聞君子之遠其子也。」

　　與陳亢相關之文獻，除《論語・季氏》所記以外，《禮記・檀弓》載云：

> 陳子車死於衛，其妻與其家大夫謀以殉葬，定，而後陳子亢至，以告曰：「夫子疾，莫養於下，請以殉葬。」子亢曰：「以殉葬，非禮也。雖然，則彼疾，當養者孰若妻與宰。得已，則吾欲已；不得已，則吾欲以二子者之為之也。」於是弗果用。[27]

按《孟子・梁惠王上》：「仲尼曰：『始作俑者，其無後乎！』為其象人而用之也。」[28]以象人之木偶殉葬，孔子尚不忍而惡其不仁，更何況以活人殉葬，故陳亢認為「以殉葬，非禮也。」實能深體孔子之仁道精神。而其巧妙的表示不同意此非禮之舉，而曰：「雖然，則彼疾，當養者孰若妻與宰。得已，則吾欲已；不得已，則吾欲以二子者之為之也。」以退為進，終於促使非禮之殉葬「弗果用」。惜類似之文獻僅此一見，否則，將陳亢歸於孔門言語科，誰曰不宜！

三　見微（林放、陳亢之各僅一問）知著（孔子之誨人不倦）

　　綜合以上林放、陳亢之各僅一問，以及孔子、孔鯉之回答，語雖不多，但頗可推見孔子教學態度與教學重點的一斑。

27　《禮記正義・檀弓下》，鄭玄注曰：「子亢，子車弟，孔子弟子。」見鄭玄注，孔穎達疏：《禮記正義・檀弓下》，頁186。

28　朱熹：《孟子集注・梁惠王上》，見朱熹：《四書章句集注》，頁284。

　　就教學態度而言，孔子曾自謂「有教無類」[29]，又曰：「自行束脩以上，吾未嘗無誨焉。」[30]然弟子來自各地，年齡、資質、個性並不盡同，故孔子於教學時，每能因材施教，嘗曰：「中人以上，可以語上也；中人以下，不可以語上也。」[31]另如「子路問：『聞斯行諸？』子曰：『有父兄在，如之何其聞斯行之？』冉有問：『聞斯行諸？』子曰：『聞斯行之。』公西華曰：『由也問聞斯行諸，子曰「有父兄在」；求也問聞斯行諸，子曰「聞斯行之」。赤也惑，敢問。』子曰：『求也退，故進之；由也兼人，故退之。』」[32]或語上或不語上，或進或退，也難怪有如陳亢之類的弟子，誤以為孔子於教學時有所保留。其實孔子嘗自述道：

　　　　二三子以我為隱乎？吾無隱乎爾。吾無行而不與二三子者，是丘也。[33]

朱熹集注曰：「諸弟子以夫子之道高不可幾及，故疑其有隱，而不知聖人作、止、語、默無非教也，故夫子以此言曉之。」又引程子（頤）曰：「聖人之道猶天然，門弟子親炙而冀及之，然後知其高且遠也。使誠以為不可及，則趨向之心不幾於怠乎？故聖人之教，常俯而就之如此，非獨使資質庸下者勉思企及，而才氣高邁者亦不敢躐易而進也。」[34]對不至者勉其企而及之，對過之者則能俯而就之，蓋能

29　朱熹：《論語集注・季氏》：「子曰：『有教無類。』」見朱熹：《四書章句集注》，頁236。
30　朱熹：《論語集注・述而》，見朱熹：《四書章句集注》，頁127。
31　朱熹：《論語集注・雍也》，見朱熹：《四書章句集注》，頁120。
32　朱熹：《論語集注・先進》，見朱熹：《四書章句集注》，頁176。
33　朱熹：《論語集注・述而》，見朱熹：《四書章句集注》，頁132。
34　朱熹：《論語集注・述而》，見朱熹：《四書章句集注》，頁132。

適切掌握到孔子教學因材而教，各適其宜的態度也。

就孔子教學的重點而言，《論語‧述而》記載：「子所雅言，《詩》、《書》、執禮，皆雅言也。」[35]〈泰伯〉記載：「子曰：『興於《詩》，立於禮，成於樂。』」[36]足見孔子對《詩》（《書》）、禮（樂）極為重視，並以之教導學生，故《論語》中論《詩》、論禮之章頗多。

論《詩》者，或評論《詩》的思想內涵，如〈為政〉：「子曰：『《詩》三百，一言以蔽之，曰：『思無邪。』」[37]〈八佾〉：「子曰：『〈關雎〉，樂而不淫，哀而不傷。』」[38]或論《詩》的作用，如〈陽貨〉：「子曰：『小子，何莫學乎《詩》？《詩》，可以興，可以觀，可以群，可以怨，邇之事父，遠之事君，多識於鳥獸草木之名。』」[39]〈子路〉：「子曰：『誦《詩》三百，授之以政，不達；使於四方，不能專對；雖多，亦奚以為？』」[40]或於師生對話時，表達領悟的道理或所得的啟示，如「子貢曰：『貧而無諂，富而無驕，何如？』子曰：『可也。未若貧而樂，富而好禮者也。』子貢曰：『《詩》云：「如切如磋，如琢如磨。」其斯之謂與？』子曰：『賜也，始可與言《詩》已矣！告諸往而知來者。』」[41]〈八佾〉：「子夏問曰：『「巧笑倩兮，美目盼兮，素以為絢兮。」何謂也？』子曰：『繪事後素。』曰：『禮後乎？』子曰：『起予者商也，始可與言《詩》已矣！』」[42]

論禮者，或論述禮的根本，如〈八佾〉：「子曰：『人而不仁，如

---

35 朱熹：《論語集注‧述而》，見朱熹：《四書章句集注》，頁131。朱熹集注曰：「雅，常也。」

36 朱熹：《論語集注‧泰伯》，見朱熹：《四書章句集注》，頁141。

37 朱熹：《論語集注‧為政》，見朱熹：《四書章句集注》，頁70。

38 朱熹：《論語集注‧八佾》，見朱熹：《四書章句集注》，頁89。

39 朱熹：《論語集注‧陽貨》，見朱熹：《四書章句集注》，頁249。

40 朱熹：《論語集注‧子路》，見朱熹：《四書章句集注》，頁198。

41 朱熹：《論語集注‧學而》，見朱熹：《四書章句集注》，頁68。

42 朱熹：《論語集注‧八佾》，見朱熹：《四書章句集注》，頁84。

禮何？人而不仁，如樂何？」」[43]〈陽貨〉：「子曰：『禮云禮云，玉帛云乎哉！樂云樂云，鐘鼓云乎哉！』」[44]或論禮的功能，如〈為政〉：「孟懿子問孝，子曰：『無違。』樊遲御，子告之曰：『孟孫問孝於我，我對曰「無違」。』樊遲曰：『何謂也？』子曰：『生，事之以禮；死，葬之以禮；祭之以禮。』」[45]〈顏淵〉：「顏淵問仁，子曰：『克己復禮為仁。一日克己復禮，天下歸仁焉。為仁由己，而由人乎哉？』……」[46]或論禮的實施，如〈為政〉：「子張問：『十世可知也？』子曰：『殷因於夏禮，所損益可知也；周因於殷禮，所損益可知也；其或繼周者，雖百世可知也。』」[47]有可因時損益者，也有不可變革的基本原則在。

按《詩》以抒發情性為主，可以適切表達心聲，達到興、觀、群、怨之效；在春秋時代，又可運用於外交場合，使應對得體；故曰「不學《詩》，無以言。」禮則重在規範行為舉止，建立個人及群體應該遵循的準則或制度，使無過或不及之弊，以達到中正和諧之境，對個人的立身處世或群體的自立自強，皆有助益，故曰「不學禮，無以立。」

結語

據《史記・孔子世家》所載推斷，孔子於三十歲左右即開始設教，直至七十二歲謝世為止，始終誨人不倦。如以今天的用語言之，其教學年資長達四十餘年，所教導過的學生應頗不少。可惜當時不可

---

43 朱熹：《論語集注・八佾》，見朱熹：《四書章句集注》，頁82。
44 朱熹：《論語集注・陽貨》，見朱熹：《四書章句集注》，頁250。
45 朱熹：《論語集注・為政》，見朱熹：《四書章句集注》，頁72。
46 朱熹：《論語集注・顏淵》，見朱熹：《四書章句集注》，頁181-182。
47 朱熹：《論語集注・為政》，見朱熹：《四書章句集注》，頁78。

能有學籍的記載，以致孔子教導過的學生總數，以及卓有所成的人數，皆難以確知。依《史記‧孔子世家》及〈仲尼弟子列傳〉的記述，學生總數「蓋三千焉」，其中有成就者，司馬遷已難確知其人數，故或云七十二，或云七十七。蓋司馬遷所處的時代，距孔子已有四百多年，其間歷經各種戰亂，文獻散佚亡失甚鉅而難以考徵。〈仲尼弟子列傳〉所載七十七人，雖然絕大部分僅知其姓名，並不通曉其籍里、年齡、事跡，但已頗為難能，故其對孔子弟子即使偶有失載，亦屬情理中事。所幸吾人尚可與其他典籍相稽而稍作補充，據《論語》所載內容推斷，林放、陳亢兩人應可確定乃孔門弟子，而為司馬遷所失載者。

林放、陳亢兩人曾分別向孔子及孔子之子孔鯉提問，雖僅各提出一個問題而已，但從師生間的問答，頗可看出孔子的教學態度乃有教無類，然則為因材施教，對不同弟子或語上或不語上，或進或退，皆能各當其宜，一本大公而不藏私隱匿。更可看出孔子的教學之所重乃在學《詩》、學禮，以為「不學《詩》，無以言。」「不學禮，無以立。」故在《論語》中對此兩者多所論述。而因克己復禮可以為仁，故對當時世俗行禮偏重形式之流弊，又眼見魯國之在位者每每不守本分而僭越禮制，乃深表痛惜，而藉機寄託感慨，可見其對禮尤為重視。按《詩》以抒發情性為主，禮以收斂言行為主，一放一收，或鬆或緊，彼此搭配，相輔相成，大有助於應對得宜，進退有度。以故孔子家族以及歷代崇奉儒學者，皆強調以《詩》禮傳家，以期能言、能立，既可樹立良好的家風，更可進而形成美善的社會。

——原發表於二○二二年八月廿八日《孔孟月刊》第六十卷第十一、十二期。

拾　孟懿子是否為孔門弟子及孔子答其問孝內容試析

──附論孟武伯之事

前言

司馬遷在《史記‧孔子世家》末的「太史公曰」，文字雖然簡短，但已充分顯現太史公對孔子的崇仰嚮往之情，並能扼要概括孔子的卓越成就。其文曰：

> 《詩》有之：「高山仰止，景行行止。」雖不能至，然心鄉往之。余讀孔氏書，想見其為人。適魯，觀仲尼廟堂車服禮器，諸生以時習禮其家，余祇回留之，不能去云。天下君王至于賢人眾矣，當時則榮，沒則已焉。孔子布衣，傳十餘世，學者宗之。自天子王侯，中國言六藝者折中於夫子，可謂至聖矣！[1]

司馬遷深知孔子的卓越成就如無孔門弟子的傳承發揚，即不能彰顯，而孔子的思想亦難以影響深遠，故又立《史記‧儒林列傳》，在其中概述孔子死後，弟子傳布儒學的情形，曰：

---

[1] 司馬遷撰，裴駰集解，司馬貞索隱，張守節正義：《史記‧孔子世家》（臺北：藝文印書館，據清乾隆武英殿刊本景印，1958年），頁774。

> 自孔子卒後，七十子之徒散游諸侯，大者為師傅卿相，小者友
> 教士大夫，或隱而不見。故子路居衛，子張居陳，澹臺子羽居
> 楚，子夏居西河，子貢終於齊。如田子方、段干木、吳起、禽
> 滑釐之屬皆受業於子夏之倫，為王者師。是時獨魏文侯好學。
> 後陵遲以至于始皇，天下並爭於戰國，儒術既絀焉，然齊魯之
> 門，學者獨不廢也。[2]

　　儒學的傳布既端賴於孔門弟子，故司馬遷又在《史記》中撰述〈仲
尼弟子列傳〉。可惜孔門弟子雖眾，但司馬遷上距孔子之生已超過四
百年，其間經歷各種動亂，文獻散佚嚴重，難以徵考，故所述僅有七
十七位弟子。[3]且在此七十七位弟子之中，「頗有年名及受業聞見于書
傳」者只有三十五人，但此三十五人中已有公皙哀、商瞿、梁鱣、顏
幸、冉孺、曹衈、公孫龍八人，並不見載於《論語》。至於僅有姓
名，卻「無年及不見書傳者」的四十二人，則皆不見載於《論語》。[4]
　　但如就《論語》所載，曾與孔子或孔門弟子互動，疑似孔門弟
子，卻不為《史記‧仲尼弟子列傳》所列者，有申棖、琴牢、陳亢、
孟懿子、孟武伯、孺悲、林放、子服景伯、左丘明九人。但此九人
中，依《論語》所載內容判斷，未必皆為孔門弟子，如〈公冶長〉

2　司馬遷撰，裴駰集解，司馬貞索隱，張守節正義：《史記‧儒林列傳》，頁1273。

3　《史記‧仲尼弟子列傳》開首即云：「孔子曰：『受業身通者七十有七人，皆異能之
　　士也。』」傳中所述人數恰為七十七人，與〈孔子世家〉所言「身通六藝者七十有
　　二人」，人數並不相符，則此七十七人是否皆為「受業身通者」的「異能之士」？
　　難以判定。尤其是其中四十二人係僅有姓名，而「無年及不見書傳者」，更無法斷
　　言其是否皆屬受業身通的異能之士。

4　《史記‧仲尼弟子列傳》所列弟子第三十五名為「公孫龍，字子石。」傳云：「自
　　子石已右三十五人，頗有年名及受業聞見于書傳，其四十有二人無年及不見書傳者
　　紀于左。」見司馬遷撰，裴駰集解，司馬貞索隱，張守節正義：《史記‧仲尼弟子
　　列傳》，頁886。

載：「子曰：『巧言、令色、足恭，左丘明恥之，丘亦恥之。匿怨而友其人，左丘明恥之，丘亦恥之。』」[5]從孔子先言「左丘明」再言「丘」的語氣觀之，與〈述而〉「竊比於我老彭」，[6]對老彭極其尊敬而欲效法之的語意相似，則此「左丘明」應非相傳受《春秋》於孔子而撰述《左傳》的左丘明，即其顯例。

　　然則在上舉九人中，考《史記‧孔子世家》明言「（孟）懿子……往學禮焉。」可見孟懿子確曾師事孔子；《論語》中也記載孟懿子曾向孔子問孝，而孔子回答其所問。從表面上看來，孟懿子應屬孔門弟子無疑，但《史記‧仲尼弟子列傳》卻不載其人，[7]幾乎所有《論語》注家亦皆不以孔子弟子視之，其因何在？又《論語》所敘孟懿子問孝及孔子所答，內容略有曲折，與一般孔門師生之問答並不相侔，其確實情形到底如何，歷來存有爭議，究以何者為是？以上兩問題，即孟懿子是否為孔門弟子？以及孔子所答孟懿子問孝之真正意涵為何？即為本文所欲探究者。

　　另《論語》又載有孟懿子之子孟武伯亦曾向孔子問孝，對孟武伯在孔門的地位，以及孔子答其問孝的確實內容為何？歷來也有不同看法，因於本文文末附論及之。

一　孟懿子能否列入孔子門墻？

　　孟懿子，春秋末年魯國貴族，原氏仲孫，後改氏孟孫，名何忌，

5　朱熹：《論語集注‧公冶長》，見朱熹：《四書章句集注》（臺北：大安出版社，2005年），頁110。

6　朱熹：《論語集注‧述而》：「子曰：『述而不作，信而好古，竊比於我老彭。』」見朱熹：《四書章句集注》，頁125。

7　王肅注：《孔子家語‧七十二弟子解》所列孔子弟子共七十六名，既未說明所列乃受業身通的異能之士，亦未將孟懿子列名於中。

懿為諡號,乃魯國孟孫氏第九代宗主。

　　據《史記・孔子世家》所載:

> 孔子年十七,魯大夫孟釐子(又稱孟僖子)病且死,誡其嗣懿
> 子曰:「孔丘,聖人之後,滅於宋。其祖弗父何始有宋而嗣讓
> 屬公。及正考父,佐戴、武、宣公,三命茲益恭,故鼎銘云:
> 『一命而僂,再命而傴,三命而俯,循牆而走,亦莫敢余侮。
> 饘於是,粥於是,以糊余口。』其恭如是。吾聞聖人之後,雖
> 不當世,必有達者。今孔丘年少好禮,其達者歟!吾即沒,若
> 必師之。」及釐子卒,懿子與魯人南宮敬叔往學禮焉。[8]

　　按《史記》此處所敘確有所據,考《左傳・昭公七年》有如下兩
段記載:

> 三月,公如楚,鄭伯勞于師之梁。孟僖子為介,不能相儀。及
> 楚,不能答郊勞。
> 九月,公至自楚。孟僖子病不能相禮,乃講學之,苟能禮者從
> 之。及其將死也,召其大夫曰:「禮,人之幹也,無禮無以立。
> 吾聞將有達者曰孔丘,聖人之後也。……臧孫紇有言曰:『聖
> 人有明德者,若不當世,其後必有達人。』今其將在孔丘乎!
> 我若獲沒,必屬說與何忌於夫子,使事之,而學禮焉,以定其
> 位。」故孟懿子與南宮敬叔師事仲尼。仲尼曰:「能補過者君
> 子也。《詩》曰:『君子是則是效。』孟僖子可則效已矣![9]

8　司馬遷撰,裴駰集解,司馬貞索隱,張守節正義:《史記・孔子世家》,頁761。

9　左丘明傳,杜預注,孔穎達疏:《春秋左傳正義》(臺北:藝文印書館,據清嘉慶二
　　十年江西南昌府學開雕本影印,1955年),頁760-761、頁765-766。

蓋魯昭公於昭公七年（西元前535）三月應邀到楚國訪問，路經鄭國，鄭簡公在鄭國城門「師之梁」慰勞魯國君臣，當時孟僖子擔任副使，卻因不熟習儀節，無法協助禮儀的進行。到了楚國，楚靈王派遣特使到城郊迎接慰勞，孟僖子又不知如何答禮。九月，魯昭公回國，孟僖子深以隨同國君出國，卻不能助行禮儀為恥。[10]於是發憤學習禮儀，遇到精通禮儀者，即向其請教學習。

及至魯昭公二十四年（西元前518），孟僖子於臨死之前，[11]交代二子孟懿子（何忌）與其弟說（南宮敬叔）拜孔子為師而學禮。

《史記‧孔子世家》所敘即根據《左傳‧昭公七年》所記而來。

《左傳》及《史記》既然言之鑿鑿，孟懿子確實遵循其父遺命而「師事仲尼」，且《論語》亦記載孟懿子曾向孔子問孝，而孔子答以「無違」，則孟懿子應為孔門弟子無疑。

考孟僖子死時，孟懿子年紀尚未成年，[12]不太可能即拜孔子為師，究竟他於何時，如何達成父命？以文獻難徵，已無從考知。

然而令人頗感困惑者，為司馬遷既然在《史記‧孔子世家》中明言「懿子與魯人南宮敬叔往學禮（於孔子）焉」，可是在《史記‧仲

10　師之梁，杜預注：「鄭城門。」郊勞，（《左傳‧昭公二年》）「晉侯使郊勞」下杜預注：「聘禮，賓至近郊，君使卿勞之。」「病不能相禮」下杜預注：「不能相儀答郊勞，以此為己病。」

11　《春秋左氏傳‧昭公二十四年》：「春王三月丙戌，仲孫貜卒。」杜預注：「孟僖子也。」見左丘明傳，杜預注，孔穎達疏：《春秋左氏傳》，頁885。魯昭公二十四年（西元前518），孔子年三十四，《史記‧孔子世家》所載「孔子年十七，魯大夫孟釐子病且死」云云，實史公誤將魯昭公七年，「公至自楚，孟僖子病不能相禮」云云牽合為一。魯昭公七年，孔子年僅十七，如何為師？況其時孟懿子實尚未出生。

12　據《左傳‧昭公十一年》載：「五月……泉丘人有女……奔僖子……生懿子及南宮敬叔。」如此則魯昭公十一年（西元前531），孟僖子始與泉丘女結合，其生懿子及南宮敬叔（杜預注云：「似雙生。」），最早當在魯昭公十二年，則孟僖子死時，孟懿子之年不超過十三歲。

尼弟子列傳》中竟未將孟懿子列為孔子門人。[13]不僅如此,《論語》的
主要注家,包括何晏集解、皇侃義疏、邢昺注疏、朱熹集注、劉寶楠
正義等,於《論語‧為政》「孟懿子問孝」章下,介紹孟懿子時皆稱
其為「魯大夫」,而於他篇他章介紹孔子弟子,如有子、曾子、子
夏、子貢、子游、子張等皆明言乃孔子「弟子」,明顯不同,亦即似
乎並不將孟懿子與孔門弟子同列。何以如此?劉寶楠《論語正義》釋
之曰:

> 懿子受學聖門,及夫子仕魯,墮三都,懿子梗命,致聖人之政
> 化不行,是實魯之賊臣。弟子傳不列其名,及此注但云魯大
> 夫,亦不云弟子,當為此也。[14]

按孔子在魯國任大司寇,攝相事(代理卿相之職)時,欲剷除掌權大
夫的勢力,想要墮毀季孫氏的費邑、孟孫氏的郕邑、叔孫氏的郈邑。
原先三大夫有感於擔任三邑邑宰的家臣勢力過大,已威脅到自己,故
對孔子的構想皆表示贊同。不料在墮毀郈邑、費邑之後,孟懿子在郕
邑邑宰的慫恿之下,竟抗拒墮城,終使孔子的計畫功敗垂成。劉氏所
稱「及夫子仕魯,墮三都,懿子梗命,致聖人之政化不行。」即指此
而言,並且認為《史記‧仲尼弟子列傳》不將孟懿子列為孔門弟子,
原因即在於此。

　　從劉寶楠的語意推之,如果孟懿子不妨礙孔子推行政化,其實乃
是孔子弟子。更何況他已提到「懿子受學聖門」,下文又說「樊遲與
懿子同門」,也可看出他還是認為孟懿子實屬孔門弟子。

---

13 其後的《孔子家語‧七十二弟子解》亦未將孟懿子列入,參見註7。
14 劉寶楠:《論語正義‧為政》,見《新編諸子集成》(臺北:世界書局,1972年),第
　　1冊,頁26。

　　欲釐清孟懿子是否能列入孔子門墻，關鍵乃在於能否掌握並遵行孔子思想的要義。按孔子極重視政權的統一，反對政權下移旁落，無奈他所處的春秋時代，不僅天子式微，諸侯也往往被掌權大夫脅制，甚至連大夫亦常為家臣掌控，故他曾深致其感慨：

> 孔子曰：「天下有道，則禮樂征伐自天子出；天下無道，則禮樂征伐自諸侯出。自諸侯出，蓋十世希不失矣；自大夫出，五世希不失矣；陪臣執國命，三世希不失矣。天下有道，則政不在大夫。天下有道，則庶人不議。」[15]

　　當時魯國不僅禮樂征伐「自大夫出」而掌握於季孫、孟孫、叔孫之手；更甚者三家之權柄又下移，成為「陪臣（大夫之家臣）執國命」。孔子之意欲墮三都，即是想要剷除大夫甚至其家臣之勢力，使魯國國家大權重歸魯君之手。無奈孟懿子卻背信而反對墮郕，導致孔子的計畫未能實現。劉氏之說確實有其依據。

　　惟如深入探討，孟懿子除反對墮郕以外，更嚴重者為其父遺命他拜孔子為師，用意乃在於向孔子學禮，可是他卻屢有僭禮之舉，如《論語・八佾》記載：「三家者以〈雍〉徹。子曰：『「相維辟公，天子穆穆」，奚取於三家之堂？』」[16]按天子於祭宗廟將畢，則歌詠《詩經・周頌・雍》以撤饌，此屬天子之禮儀，但魯國孟孫、叔孫、季孫三家則僭而用之。又《禮記・檀弓下》：「三家視桓楹。」[17]按桓楹為天子、諸侯下葬時所立的大柱子，柱上有孔，可以穿入繩索懸掛棺木

---

15 朱熹：《論語集注・季氏》，見朱熹：《四書章句集注》，頁239。
16 朱熹：《論語集注・八佾》，見朱熹：《四書章句集注》，頁81。
17 鄭玄注，孔穎達疏：《禮記正義・檀弓下》（臺北：藝文印書館，據清嘉慶二十年江西南昌府學開雕本影印，1955年），頁188。

而下降至墓穴。魯國三家亦僭而用之。可見孟懿子不論葬、祭皆僭越
禮制，[18] 顯然與孔子的教導相違背，亦即他不僅未遵奉孔子之教，甚
至反其道而行，故雖曾拜孔子為師，名義上屬孔子弟子，但名不副
實，乃不受教的弟子，故雖有弟子之名，蓋乃有名無實的弟子。

二 「孟懿子問孝」章之意涵

　　《論語》記載孔門師生的問答，皆採即問即答方式，如某弟子問
某問題，孔子即針對該問題回答曰如何如何，但「孟懿子問孝」章卻
多了些轉折，其文如下：

> 孟懿子問孝，子曰：「無違。」樊遲御，子告之曰：「孟孫問孝
> 於我，我對曰『無違』。」樊遲曰：「何謂也？」子曰：「生，
> 事之以禮；死，葬之以禮，祭之以禮。」[19]

　　歷來《論語》的主要注家，從何晏集解開始即採鄭玄之說：「鄭
玄曰：『孟孫不曉無違之意，將問於樊遲，故告之也。』」[20] 自此之後，
皇侃義疏、邢昺注疏、劉寶楠正義皆從之。即使是朱熹集注，雖未引
用鄭玄之說，亦曰：「夫子以懿子未達而不能問，恐失其指，而以從
親之令為孝，故語樊遲以發之。」[21] 皆謂孔子恐孟懿子不了解他所答

---

18 劉寶楠：《論語正義・為政》：「方氏觀旭《論語偶記》：『〈檀弓〉云：「三家視桓
　　楹」，葬僭禮也。〈八佾篇〉：「三家者以〈雍〉徹」，祭僭禮也。』」見《新編諸子集
　　成》，第1冊，頁25。

19 朱熹：《論語集注・為政》，見朱熹：《四書章句集注》，頁72。

20 何晏集解，皇侃義疏：《論語集解義疏・為政》（臺北：廣文書局，1977年），頁40。

21 朱熹：《論語集注・為政》，見朱熹：《四書章句集注》，頁72。

「無違」之意，故告訴樊遲：所謂「無違」之意，乃「生，事之以禮；死，葬之以禮，祭之以禮。」意在由樊遲將此正解轉告孟懿子。

　　乍看之下，各家所說似乎講得通，但稍加思索，就會發現如此說法並不合情理。王充《論衡》早已發現其可疑之處，云：

> 問曰：「孔子之言毋違，毋違者，禮也。孝子亦當先意承志，不當違親之欲。孔子言毋違，不言違禮，懿子聽孔子之言，獨不為嫌於毋違志乎？樊遲問何謂，孔子乃言『生，事之以禮；死，葬之以禮，祭之以禮。』使樊遲不問，毋違之說，遂不可知也。懿子之才，不過樊遲，故《論語》篇中，不見言行。樊遲不曉，懿子必能曉哉？」[22]

信如王充所問，則孔子施教豈非過於曲折，使聽者難以即曉其意，必須輾轉才能掌握要旨？如此，則孔子的教法豈非大有問題。皇侃可能意識到如此解釋有誣枉孔子之嫌，乃為之說曰：

> 或問曰：「孔子何不即告孟孫，乃還告樊遲耶？」答曰：「欲屬於孟孫，言其人不足委曲，即亦示也。所以獨告樊遲者，舊說云樊遲與孟孫親狎，必問之也。一云孟孫問時，樊遲在側，孔子知孟孫不曉，後必問樊遲，故後遲御時而告遲也。[23]

所謂「欲屬於孟孫，言其人不足委曲，即亦示也。」語意含糊，令人難以掌握其確旨。至於「舊說云樊遲與孟孫親狎，必問之也。一云孟

22　王充：《論衡・問孔》，《新編諸子集成》（臺北：世界書局，1972年），第7冊，頁86-87。

23　何晏集解，皇侃義疏：《論語集解義疏・為政》，頁41。

孫問時,樊遲在側,孔子知孟孫不曉,後必問樊遲,故後遲御時而告遲也。」顯然純屬臆測,並無事實的依據。

按依《左傳》所載推論,孟懿子出生不可能早於魯昭公十二年(西元前530),亦即他至少年幼於孔子二十一歲。[24]另據《史記・仲尼弟子列傳》所載,樊遲少孔子三十六歲;但如依《孔子家語・七十二弟子解》所言,則樊遲少孔子四十六歲;[25]亦即孟懿子與樊遲年齡並不相近。另孟懿子為魯國掌權大夫,樊遲雖為孔子弟子,但並非高弟,且曾因志向不高,被孔子責備。[26]亦即孟懿子與樊遲兩人之年齡、地位皆有差距,其關係是否「親狎」?頗為可疑。故崔述曾辯之曰:「懿子,魯大夫也。齊師在清,季康子欲使其宰冉求與二子(孟孫氏、叔孫氏)言,使俟於黨氏之溝,蓋家臣與大夫言若斯之難也。況於樊遲年益少,位益卑,何由得見懿子而告之乎?」意謂擔任季孫氏家臣的孔子高弟冉求,想見孟孫氏、叔孫氏並不容易,何況是樊遲?以此之故,故崔述乃斷定朱熹集注承自何晏集解以來各家之見,以為孔子之告樊遲,乃期望樊遲轉告孟懿子,其說並不可信,曰:

> 余按:聖人之告人無不盡心者,既恐懿子誤會「無違」之意,則何不直告以「生,事之以禮」云云,而故藏而不發以待再問?及不能問,又語樊遲,以啟其問而暢其旨,冀樊遲之轉以

---

24 參見註12。魯昭公十二年(西元前530),孔子二十二歲,孟懿子如於該年出生,則少孔子二十一歲。

25 錢穆:《先秦諸子繫年・二九 孔子弟子考》據《左傳・哀公十一年》所載,稱樊遲為「弱」,疑《孔子家語》少孔子四十六歲,時年二十二為當(《禮記・曲禮下》云:「人生十年曰幼,學。二十曰弱,冠。」)。

26 《論語・子路》記載:「樊遲請學稼,子曰:『吾不如老農。』請學為圃。曰:『吾不如老圃。』樊遲出。子曰:『小人哉,樊須也!……』」朱熹集注曰:「小人,謂細民,孟子所謂小人之事者也。」可見其志向不高而孔子責之。

告懿子，一何其不憚煩乎？[27]

　　然則《論語・為政》「孟懿子問孝」章之確切意涵究竟為何？按依《左傳・昭公七年》及《史記・孔子世家》所載，孟僖子遺命其二子孟懿子、南宮敬叔「師事仲尼」「而學禮焉」，故孔子回答孟懿子問孝，必然是就盡孝所應遵循之禮而回答，故所謂「無違」即無違於禮，孟懿子當然了然於心，故不復問。[28]

　　至於孔子何以於樊遲為其駕車時，告以孟孫問孝之事，而在樊遲請教之下，明白指出所謂無違乃「生，事之以禮；死，葬之以禮，祭之以禮。」以文獻無徵，難以判斷，但極有可能因樊遲志向不高，曾向孔子請學稼、請學為圃，孔子深不以為然，而責備他曰「小人哉，樊須也」。乃藉機告以侍奉父母必須以禮，並以「上好禮，則民莫敢不敬」等語告之，[29]以期許其學禮而立遠大之志向也。

27　上引兩條崔述之言皆見崔述：《論語餘說》「孟懿子問孝」條，見崔述撰著，顧頡剛編訂：《崔東壁遺書》（上海：上海古籍出版社，1983年），頁611。復按皇侃稱「一云孟孫問時，樊遲在側」云云。考孔子諸弟子有問，常有其他弟子在側，何以他章皆不見孔子意欲在側弟子轉告之記載？可見其說實不值深辯。

28　王充：《論衡・問孔》將「無違」之「違」分為「違禮」與「違志」兩類，其意以為「孝子亦當先意承志，不當違親之欲」，認定孟懿子可能誤以為孔子所謂「無違」乃無「違志」，其實大繆不然。孝子故當先意承志，不當違親之欲，但如親之意、志或欲有悖於禮，《論語・里仁》曾載「子曰：『事父母幾諫，……』」可見父母行為若有偏差，人子當委婉以諫，不應為求無「違志」而助成其惡。故真正的不違志還是必須在不違禮的規約之下，亦即「違禮」與「違志」並不相衝突。

29　朱熹：《論語集注・子路》：「樊遲請學稼，子曰：『吾不如老農。』請學為圃，曰：『吾不如老圃。』樊遲出，子曰：『小人哉，樊須也！上好禮，則民莫敢不敬；上好義，則民莫敢不服；上好信，則民莫敢不用情。夫如是，則四方之民襁負其子而至矣，焉用稼？』」見朱熹：《四書章句集注》，頁197。

三　附論：孟武伯之相關問題

　　孟武伯為孟懿子之子，名彘，武為諡號，或稱孟孺子洩，繼孟懿子而為魯國執政大夫，乃魯國孟孫氏第十代宗主。

　　孟武伯與其父之在孔門，同樣存在兩個待澄清的問題：一為他是否為孔子弟子？二為他也曾向孔子問孝，但孔子所答甚簡，以致後人詮釋不一，究以何者為是？

　　就孟武伯是否為孔子弟子而言，《論語》確實載有兩章他向孔子提問之事：一為「孟武伯問孝，子曰：『父母唯其疾之憂。』」[30]二為「孟武伯問：『子路仁乎？』子曰：『不知也。』又問，子曰：『由也，千乘之國，可使治其賦也，不知其仁也。』『求也何如？』子曰：『求也，千室之邑，百乘之家，可使為之宰也，不知其仁也。』『赤也何如？』子曰：『赤也，束帶立於朝，可使與賓客言也，不知其仁也。』」[31]乍看之下，一般人很容易將孟武伯視為孔子弟子，但一則《史記‧仲尼弟子列傳》以至後來的《孔子家語‧七十二弟子解》，皆不列其名。再則歷代的《論語》主要注家，自何晏集解於紹述孟武伯時，即引用「馬融曰：『武伯，懿子之子仲孫彘也。武，諡也。』」自此以後，如皇侃義疏、邢昺注疏、朱熹集注、劉寶楠正義等，皆承其說，而不言其為孔子弟子。三則在先秦兩漢的文獻中亦未有如同其父孟懿子「師事仲尼」的記載。綜合以上三點，應可以斷定孟武伯並非孔子弟子。

　　然則《論語》確實記載孟武伯兩度問於孔子，將何以為說？其實孟武伯之問，蓋類似於季康子（魯大夫）、王孫賈（衛大夫）、葉公

30　朱熹：《論語集注‧為政》，見朱熹：《四書章句集注》，頁72。
31　朱熹：《論語集注‧公冶長》，見朱熹：《四書章句集注》，頁104。

（楚大夫）之問於孔子；特別是季康子並曾多次問於孔子，[32]其中尤以「季康子問：『仲由可使從政也與？』子曰：『由也果，於從政乎何有？』曰：『賜也可使從政也與？』曰：『賜也達，於從政乎何有？』曰：『求也可使從政也與？』曰：『求也藝，於從政乎何有？』」[33]與〈公冶長〉「孟武伯問子路仁乎」章分別指言弟子之才幹，以為可使從政，內容頗為類似。凡若此等各諸侯執政大夫雖皆有問於孔子，但並不能將之皆視為孔子弟子。由此而論，則孟武伯並非孔子弟子也。

　　就孟武伯問孝於孔子，孔子所答之確解為何而言，由於孔子答語只有「父母唯其疾之憂」七個字，用語甚簡，以至留下不少詮釋的空間。總計歷來有三種說法：

　　一解為人子憂父母之疾。其，指父母。

　　此說王充、高誘、劉寶楠等主之。劉寶楠《論語正義》：「臧氏琳《經義雜記》：『《論衡‧問孔》云：「武伯善憂父母，故曰唯其疾之憂。」又《淮南子‧說林》：「憂父之疾者子，治之者醫。」高（誘）注云：「《論語》曰父母唯其疾之憂，故曰憂之者子。」則王充、高誘皆以為子憂父母之疾為孝。』父母字當略讀。案：《孝經‧孝行章》：「子曰：『孝子之事親也，病則致其憂。』」《禮記‧曲禮》云：『父母有疾，冠者不櫛，行不翔，言不惰，琴瑟不御，食肉不至變味，飲酒不至變貌，笑不至矧，怒不至詈，疾止復故。』皆以人子憂父母疾為孝。」[34]

　　二解為父母憂子女之疾。其，指子女。

　　此說朱熹主之。朱熹《論語集注》：「言父母愛子之心，無所不

32　《論語》所載季康子問於孔子多達六次，分見於〈為政〉、〈雍也〉、〈先進〉（以上各一次）、〈顏淵〉（三次）。

33　朱熹：《論語集注‧雍也》，見朱熹：《四書章句集注》，頁115-116。

34　劉寶楠：《論語正義‧為政》，見《新編諸子集成》，第1冊，頁26。

至，惟恐其有疾病，常以為憂也。人子體此，而以父母之心為心，則凡所以守其身者，自不容於不謹矣，豈不可以為孝乎！」[35]

三解父母指憂子女有疾而不憂其妄為非。其，亦指子女。

此說馬融、何晏、皇侃、邢昺主之，朱熹以為亦通。何晏《論語集解》引馬融曰：「言孝子不妄為非，唯有疾病，然後使父母之憂耳。」皇侃義疏曰：「言人子欲常敬慎自居，不為非法橫，使父母憂也。」邢昺注疏曰：「子事父母，唯其疾病，然後可使父母憂之，疾病之外，不得妄為非法，貽憂於父母也。」朱熹集注曰：「舊說，人子能使父母不以其陷於不義為憂，而獨以其疾為憂，乃可謂孝。亦通。」[36]

按以上三說，如就孝之本義為「善事父母」立場觀之，應以第一說人子憂父母之疾為當。如此，則孔子之答語當斷句為「父母，惟其疾之憂。」第二、三說以父母或憂子女之疾，或憂子女妄為非而陷不義，所講乃慈道而非孝道。但如就子女能善體親心而知自重自愛，或注重自己的身心健康，或檢點自己的言行舉止，以免父母擔憂，乃就本義而引申，雖然也講得通，但未免顯得迂曲。清初儒者臧琳在其《經義雜記》「父母唯其疾之憂」條下，概敘各家之說後，下結論道：

案如馬（融）義，則夫子所告武伯者止是餘論，其正意反在言外。聖人之告人，未有隱約其詞若此者。（朱熹）《集注》所引舊說即本（何晏）《集解》。朱子守身之說雖善，然舍人子事親之道，而言父母愛子之心，似亦離其本根也。唯王（充）、高

---

35 朱熹：《論語集注・為政》，見朱熹：《四書章句集注》，頁72。
36 分見何晏集解、皇侃義疏：《論語集解義疏・為政》，頁41-42。何晏集解，邢昺疏《論語注疏・為政》（臺北：藝文印書館，據清嘉慶二十年江西南昌府學開雕本影印，1955年），頁17。朱熹：《論語集注・為政》，見朱熹：《四書章句集注》，頁72。

（誘）二氏說，文順義洽。蓋人子事親，萬事皆可無慮，唯父母有疾，獨為憂之所不容已。[37]

宜可視為定評。

綜上所述，以上三說當以第一解「人子憂父母之疾」，既站在孝的立場，針對「孟武伯問孝」的本旨；又合乎孔子教導人一向直接而明白，使人易曉易行的原則；為正確而可採從也。

　　　　　——原投稿《孔孟月刊》，且已被接受，但於尚未刊登前，《北學研究》前來約稿，態度懇切，因自《孔孟月刊》撤回而改投《北學研究》。《北學研究》為年刊，預計於二〇二三年五月出版第三輯，本文將刊於該輯。

37　臧琳撰，梅軍校補：《經義雜記校補》（北京：中華書局，2020年），卷5，頁104，「父母惟其疾之憂」條。

附錄　孔門弟子姓氏、籍里、年齡考略

前言

　　孔子自幼即展現對禮儀的高度學習興趣:「為兒嬉戲,常陳俎豆,設禮容。」[1]到了少年時期便立志發憤向學,在持續不懈的努力之下,直至三十歲時,即能明道守禮,有所成立,曾自言:「吾十有五而志于學,三十而立。」[2]在充分領略學習的樂趣與重要之後,乃自述其心得曰:「學而時習之,不亦說乎!」[3]又曰:「十室之邑,必有忠信如丘者焉,不如丘之好學也。」[4]又曰:「好仁不好學,其蔽也愚;好知不好學,其蔽也蕩;好信不好學,其蔽也賊;好直不好學,其蔽也絞;好勇不好學,其蔽也亂;好剛不好學,其蔽也狂。」[5]體會既深,因而推己以及人,於自己學不厭之餘更推而誨人不倦。[6]於

1　司馬遷撰,裴駰集解,司馬貞索隱,張守節正義:《史記‧孔子世家》(臺北:藝文印書館,據清乾隆武英殿刊本景印,1958年),頁760。

2　朱熹:《論語集注‧為政》,見朱熹:《四書章句集注》(臺北:大安出版社,2005年),頁70。

3　朱熹:《論語集注‧學而》,見朱熹:《四書章句集注》,頁61。

4　朱熹:《論語集注‧公冶長》,見朱熹:《四書章句集注》,頁112。

5　朱熹:《論語集注‧陽貨》,見朱熹:《四書章句集注》,頁249。

6　朱熹:《論語集注‧述而》:「子曰:『默而識之,學而不厭,誨人不倦,何有於我哉!』」「子曰:『若聖與仁,則吾豈敢?抑為之不厭,誨人不倦,則可謂云爾已矣。』公西華曰:『正唯弟子不能學也。』」見朱熹:《四書章句集注》,頁125、136。

三十歲左右，即開始收招弟子，直到七十三歲謝世為止，從未間斷，一生栽培弟子無數。

孔門弟子的總數，一般以為在三千左右，所據為《史記·孔子世家》云：「孔子以《詩》、《書》、禮、樂教，弟子蓋三千焉。」[7]《孔子家語·本姓解》亦云：「然凡所教誨，束脩已上，三千餘人。」[8]然亦有不認同者，如崔述《洙泗考信錄》曰：「〈世家〉云：『孔子以《詩》、《書》、禮、樂教，弟子蓋三千焉，身通六藝者七十有二人。』余按：孟子但云『七十子』，則是孔子之門人止七十子也。孔子弟子安能三千之多，必後人之奢言之也。」[9]錢穆先生《先秦諸子繫年》亦謂：「〈世家〉云：『孔子以《詩》、《書》、禮、樂教，弟子蓋三千焉，身通六藝者七十有二人。』〈弟子列傳〉：『受業身通者七十有七人。』今按《孟子》云：『七十子』，《呂氏春秋·遇合篇》『達徒七十人』，《韓非·五蠹》『服役者七十人』，《大戴禮·衛將軍文子》『受教者七十有餘人』，《淮南·要略》『孔子述周公之訓，以教七十子』，《漢書·藝文志序》、〈楚元王傳〉，『七十子喪而大義乖』。則孔子門人，固僅有七十之數，烏得三千哉？」[10]

按孔子於三十歲左右開始設教，直到七十三歲逝世為止，以今日的術語而言，教學年資長達四十多年。更難能可貴者乃在於孔子懷抱

又朱熹：《孟子集注·公孫丑上》：「昔者子貢問於孔子曰：『夫子聖矣乎！』孔子曰：『聖則吾不能，我學不厭而教不倦也。』」見朱熹：《四書章句集注》，頁319。

7　司馬遷撰，裴駰集解，司馬貞索隱，張守節正義：《史記·孔子世家》，頁771。

8　王肅注：《孔子家語·本姓解》，見《新編諸子集成》（臺北：世界書局，1972年），第2冊，頁94。

9　崔述：《崔述考信錄》，見崔述撰著，顧頡剛編訂：《崔東壁遺書》（上海：上海古籍出版社，1983年），頁321。

10　錢穆：《先秦諸子繫年·二九　孔子弟子通考》，見《錢賓四先生全集》（臺北：聯經出版公司，1998年），第5冊，頁70-71。

「有教無類」¹¹的精神，曾謂「自行束脩以上，吾未嘗無誨焉。」¹²對來學者，只要有心，並不分貧富貴賤智愚賢不肖，皆一視同仁，無不加以教誨，則四十多年僅得弟子七十，平均一年不到兩人，顯然不符情理，是故《史記》、《孔子家語》所載較為得實。

孔門弟子三千，人數既多，資質、造詣未盡相同，必然有入門、進階之分，進階者又有升堂、入室之別。故《史記・仲尼弟子列傳》云：「受業身通者七十有七人，皆異能之士也。」¹³並將所列七十七人分為兩類：「頗有年名及受業聞見于書傳」者三十五人、「無年及不見書傳者」四十二人。前者既有姓名，也有少數記其籍里、年齡甚至事蹟，後者則僅有姓名而無其他資料。所以然者，蓋因司馬遷上距孔子之生已超過四百年，其間戰亂不斷，文獻散佚嚴重，已無法考徵。

雖然如此，但若將此七十七人之姓氏，以至於前三十五人之載有籍里、年齡者加以統計，則可以略見孔門弟子在此三方面的分布情形，進而從中掌握訊息，有助於了解孔門施教的概況。¹⁴

一　姓氏

《史記・仲尼弟子列傳》所載孔門弟子的姓氏，人數最多者為「顏」，共有八人：顏回、顏無繇、顏幸、顏高、顏祖、顏之僕、顏

11　朱熹：《論語集注・衛靈公》：「子曰：『有教無類。』」見朱熹：《四書章句集注》，頁236。

12　朱熹：《論語集注・述而》：「子曰：『自行束脩以上，吾未嘗無誨焉。』」見朱熹：《四書章句集注》，頁127。

13　司馬遷撰，裴駰集解，司馬貞索隱，張守節正義：《史記・仲尼弟子列傳》，頁877。

14　《史記》對孔門弟子之姓氏、籍里、年齡，與他書所載略有不同，可見司馬遷所述雖有所本，仍不能完全無誤，惟因文獻難徵，無法一一考定，故本文所述一以《史記》所載為準。勢非得已，尚請鑑諒。

噲、顏何。次多者為「冉」，共有五人：冉耕、冉雍、冉求、冉孺、冉季。第三多者為「秦」，共有四人：秦祖、秦冉、秦商、秦非。其餘共三人者，有「漆雕」，包括漆雕開、漆雕哆、漆雕徒父。又有「公西」，包括公西赤、公西輿、公西蒧。共兩人者有「曾」，包括曾參、曾點。又有「原」，包括原憲、原亢籍。還有「商」，包括商瞿、商澤。以上八個姓氏，共二十九人；其餘皆為一個姓氏一人，共四十八個姓氏；總計為五十六個姓氏，包括閔、仲、宰、端木、言、卜……等。

依上述統計，有下列幾點值得注意：

一為人數最多的「顏」，次多的「冉」，第三多的「秦」，皆不在現代人口最多的李、王、張、劉、陳、林、楊、黃、吳、周等大姓之中。

二為姓氏為「顏」者人數最多，崔述以為「顏氏著於魯者多。」[15]其因為何？並未說明。林春溥《開卷偶得》則引「顏之推云：『仲尼母族。』」[16]

三為人數次多的「冉」氏五人中，竟然有冉耕（字伯牛）、冉雍（字仲弓）、冉求（字子有）共三人名列孔門四科十哲之中。[17]冉氏子弟如此傑出，純屬巧合或有其他原因？已不可考。

四為部分姓氏後來已簡省或歸併於其他姓氏，如公冶長之「公冶」簡併為「公」、壤駟赤之「壤駟」簡併為「壤」，漆雕開之「漆雕」簡併為「漆」，巫馬施之「巫馬」簡併為「巫」等……皆屬其例。

---

15 崔述：《洙泗考信餘錄》，見崔述撰著，顧頡剛編訂：《崔東壁遺書》，頁365。

16 林春溥：《開卷偶得》，見《叢書集成續編》（臺北：藝文印書館，據道光己酉竹柏山房刊本影印，1971年），第5函，卷6，頁7。按孔子之母為「顏徵在」，但孔子顏氏弟子八人是否皆為顏徵在家族之人，雖有可能，但殊難斷定，闕疑可也。

17 據《論語·先進》所載，冉伯牛（冉耕）、仲弓（冉雍）名列德行科，冉有（冉求）名列政事科。

　　五為有極少數姓氏已不見於今本《百家姓》所收錄的四百多個姓氏中，如公皙哀之「公皙」即是。

　　六為孔門弟子分布於五十六個姓氏，可見其來源甚廣，而非集中於少數姓氏，由此可以推見孔門弟子姓氏的多樣。

二　籍里

　　《史記・仲尼弟子列傳》明確記載孔門弟子之籍里者只有九人[18]，包括顏回魯人、仲由（字子路）卞人、端木賜（字子貢）衛人、言偃（字子游）吳人、顓孫師（字子張）陳人、曾參南武城人、澹臺滅明武城人、公冶長齊人、商瞿魯人。按卞、南武城、武城皆在魯國境內，故上述諸人中魯國五人、衛國一人、吳國一人、陳國一人、齊國一人。魯國、衛國、陳國、齊國皆在今山東、河南、河北境內，屬北方。吳國則在今江蘇境內，屬南方。由是可見孔門弟子由於地域的關係，絕大多數來自北方，但亦有來自南方的言偃（子游），且言偃還名列四科中的文學科。

　　可能由於目前可考見的孔門南方弟子只有子游一人，頗令人致疑，故崔述《洙泗考信餘錄》云：「吳之去魯遠矣，若涉數千里而北學於中國，此不可多得之事。傳記所記子游言行多矣，何以皆無一言及之？且孔子沒後，有子、曾子、子夏、子張與子游相問答之言甚多，悼公

---

18 因曾參（南武城人，南武城在魯國境內）父曾點、顏回（魯人）父顏無繇皆未載其籍里，故實際上知其籍里者為十一人。又本文所載孔門弟子之籍里，完全依《史記・仲尼弟子列傳》之正文為準，《史記集解》、《史記索隱》、《史記正義》雖亦有部分載明某弟子為某國人者，如閔損（字子騫）下，《史記》未載其籍里，但集解載：「鄭玄曰：『《孔子弟子目錄》云魯人。』」公冶長下，《史記》載：「齊人。」但索隱載：「《家語》：『魯人。』」高柴下，《史記》未載其籍里，但集解載：「鄭玄曰：『衛人。』」正義載：「《家語》云：『齊人。』」或難以確認，或與《史記》所載不同，或彼此所載互相牴牾，故本文皆不採從。

之弔有若也子游擯，武叔之母之死也子游在魯，而魯之縣子、公叔戌亦皆與子游游，子游之非吳人明矣！」[19]所謂「不可多得之事」並非絕無可能之事，且其所舉並無任何直接證據，故其說並不可信。

由孔門弟子的籍里分布，可得而述者有下列幾點：

其一為弟子中以魯人為多，蓋孔子居魯，魯人之來學者相較於同屬北方的齊、陳、衛等國，以至於南方的吳，在地利上占有優勢，故人數較多，此乃理所必然者也。

其二為以孔子當時的各種生活條件，不論是交通或食宿，皆極不方便。故即使是同屬北方，不論是齊或陳、衛，士子而欲至魯國學於孔子，其實都必須長途跋涉，極為艱辛。[20]

其三為來自南方的弟子，可考知者雖然只有子游一人，人數嫌甚少，但他必須渡江逾淮，歷經磨難困苦，甚至冒生命危險，才能投到孔子門下，益發顯現其之難能而可貴也。

其四為綜合以上各點，可見孔門弟子之籍里實屬多元。更可由弟子們願意跋山涉水，不辭艱險，來學於孔子，亦可見孔子學行之高卓、人格之偉岸，故能為各地學子嚮往而不辭辛勞的追隨之。

三　年齡

《史記・仲尼弟子列傳》述及孔門弟子之年歲者共二十三人。[21]

---

19 崔述：《洙泗考信餘錄》，見崔述撰著，顧頡剛編訂：《崔東壁遺書》，頁405。

20 孔子於魯定公在位，年四十餘時，因魯國政局混亂，孔子不仕，已開始整理經書，並增收弟子，故《史記・孔子世家》云：「魯自大夫以下皆僭離於正道，故孔子不仕，退而脩《詩》、《書》、禮、樂，弟子彌眾，至自遠方，莫不受業焉。」時少孔子四十五歲的南方弟子游不可能來學，亦即當時所有學生皆來自北方，但司馬遷以「至自遠方」形容之，可見其路程之遙。

21 崔述：《洙泗考信餘錄》：「〈弟子列傳〉有年歲者凡二十有三人，其文蓋有所本，然亦不能無誤。何者？孔子稱子賤：『君子哉若人！魯無君子者，斯焉取斯？』則是

經統計：

　　少孔子6至10歲者一人：仲由（字子路）。

　　少孔子11至15歲者二人：閔損（字子騫）、有若。

　　少孔子16至20歲者：無。

　　少孔子21至25歲者：無。

　　少孔子26至30歲者六人：顏回、冉雍、商瞿、高柴、巫馬施、梁鱣。

　　少孔子31至35歲者一人：端木賜（字子貢）。

　　少孔子36至40歲者二人：澹臺滅明、樊須。

　　少孔子41至45歲者三人：言偃（字子游）、卜商（字子夏）、公西赤。

　　少孔子46至50歲者七人：顓孫師（字子張）、曾參、宓不齊、顏幸、冉孺、曹卹、伯虔。

　　少孔子51至55歲者一人：公孫龍。

　　依上述年齡分布之統計，可得而述者如下：

　　一為孔門弟子中最年長者為子路，少孔子9歲[22]；最年幼者為公孫

子賤已成德矣，其親師取友已歷有年矣。而〈列傳〉謂其少孔子四十九歲，則當孔子卒時年僅二十有五，成德安能如是之速乎？吳之伐魯也，微虎欲宵攻王舍，有若踊於幕庭，當是少壯時事；而〈列傳〉謂其少孔子十三歲，則當伐魯之時年已五十有四，力已衰矣；又不應孔子存時無所表現，至孔子沒後而與諸弟子問答甚多也。《論語》多以子路、冉有並稱，季康子之問從政也以由、賜、求，孟武伯之問仁也以由、求、赤，其年皆似不甚遠者，而〈列傳〉謂子路少孔子九歲，冉有少孔子二十九歲，子貢少孔子三十一歲，公西華少孔子四十二歲，年之相隔太遠，恐未必盡然也。由是言之，《史記》弟子之年不過得其彷彿而已，不可盡指為實。」見崔述撰著，顧頡剛編訂：《崔東壁遺書》，頁405。崔述所言有理，故以下統計「不過得其彷彿而已」，特此申明。

22 《論語》所載孔子有問於眾弟子，搶先發言者皆為子路，此固然由於如〈先進〉所載孔子稱「由也兼人（朱熹注：『兼人，勝人。』）」可能也與子路乃孔門最年長之弟子有關。

龍,少孔子五十三歲;兩者相去達四十多歲。

　　二為少孔子16～20歲、21～25歲者皆無,何以如此?頗值得注意,惜因文獻無徵,恐不易有明確答案。

　　三為除少孔子16～20、21～25歲之年齡段皆無以外,其餘各年齡段皆有弟子,由此可見孔門弟子年歲之多元。

　　四為少孔子41～45歲者共十一人,幾占載有年齡者之半數,似可推見在孔子晚年來學者頗多。[23]

　　五為孔子嘗謂「從我於陳蔡者,皆不及門也。」德行:顏淵、閔子騫、冉伯牛、仲弓。言語:宰我、子貢。政事:冉有、季路。文學:子游、子夏。[24]應為孔子返魯後所言,所謂「皆不及門也」,蓋因當時四科十哲中仕宦於外而不在魯國都城者頗多,故云然也。

結語

　　孔子在教育上建樹宏偉,被後人尊稱為「先師」、「萬世師表」,關鍵乃在於他嘗自言且終生奉行不渝的「有教無類」。

　　所謂「有教無類」,綜合《論語》主要注家所言,著重雖不盡同,惟皆依何晏《論語集解》引馬融「種類」之言為說:

　　　馬融曰:言人在見教,無有種類。[25]

---

23 孔子於魯哀公十一年（西元前484）,年六十八時,自衛返魯。在此之前數年,孔子已有「歸與」之嘆（《論語·公冶長》:「子在陳曰:『歸與!歸與!吾黨之小子狂簡,斐然成章,不知所以裁之。』」回魯之後,「魯終不能用孔子,孔子亦不求仕。」（《史記·孔子世家》語）專致其心力於整理《詩》、《書》、禮、樂以教弟子。

24 朱熹:《論語集注·先進》,見朱熹:《四書章句集注》,頁169。

25 何晏集解,皇侃義疏:《論語集解義疏·衛靈公》（臺北:廣文書局,1977年）,頁564。

此所謂「種類」所指為何？皇侃《論語義疏》云：

> 人乃有貴賤，同宜資教，不可以其種類庶鄙而不教之也。教之
> 則善，本無類也。[26]

則此種類所指為地位之貴賤。

　　皇侃《論語義疏》又引繆播之言云：

> 繆播曰：世咸知斯旨之崇教，未信斯理之諒深。生生之類，同
> 稟一極，雖下愚不移，然化所遷者其萬倍也。[27]

則此種類所指為資質之智愚。

　　朱熹《論語集注》則云：

> 人性皆善，而其類有善惡之殊者，氣習之染也。故君子有教，
> 則人皆可以復於善，而不當復論其類之惡矣。[28]

則此種類所指為氣習之善惡。

　　劉寶楠《論語正義》則於引用皇侃義疏之說外，又兼引《呂氏春
秋》之言，云：

> 《皇疏》云：「人乃有貴賤，同宜資教，不可以其種類庶鄙而

---

26 何晏集解，皇侃義疏：《論語集解義疏·衛靈公》，頁564。案邢昺《論語注疏》亦
　　以「貴賤」為言，故以下不引述。

27 何晏集解，皇侃義疏：《論語集解義疏·衛靈公》，頁564-565。

28 朱熹：《論語集注·衛靈公》，見朱熹：《四書章句集注》，頁236。

不教之也。教之則善，本無類也。」《呂氏春秋‧勸學篇》：
「故師之教也，不爭輕重尊卑貧富而爭於道。其人苟可，其事
無不可。」[29]

則此種類除指地位之貴賤（即文中之輕重尊卑）外，又兼指家境之
貧富。

上引各家之說其實可以互足，亦即其所謂種類，不論地位之貴
賤、資質之智愚，氣習之善惡，以至於家境之貧富皆包括在內。推而
廣之，舉凡其他之差異，如個性之強懦、才能之高下、志向之大
小……等亦皆屬種類。推而廣之，本文所述孔門弟子之姓氏、籍里、
年齡並不盡同，其實也居於種類之一環。

按《荀子‧法行篇》記載：

南郭惠子問於子貢曰：「夫子之門何其雜也？」子貢曰：「君子
正身以俟，欲來者不距，欲去者不止。且夫良醫之門多病人，
檃括之側多枉木，是以雜也。」[30]

《說苑‧雜言》、《尚書大傳‧略說》皆有類似之記載，惟文字略有
不同。

子貢此言充分顯現孔子胸懷之開闊，以及對人之肯定，唯所謂
「病人」、「枉木」之比喻並不妥適，唐代韓愈在其〈進學解〉中云：

---

29 劉寶楠：《論語正義‧衛靈公》，見《新編諸子集成》（臺北：世界書局，1972年），
 第1冊，頁348-349。

30 楊倞注，王先謙集解：《荀子集解‧法行篇》，見《新編諸子集成》（臺北：世界書
 局，1972年），第2冊，頁352。

> 夫大木為宗，細木為桷，欂櫨侏儒、椳闑扂楔，各得其宜，施
> 以成室者，匠氏之工也。玉札丹砂、赤箭青芝、牛溲馬勃、敗
> 鼓之皮，俱收並蓄，待用無遺者，醫師之良也。[31]

不論大木、細木或其他材料，不論玉札丹砂、赤箭青芝，或其他藥
材，苟能適切發揮，皆有其效用。人之種類亦然，不論地位之貴賤、
資質之智愚、氣習之善惡、家境之貧富，以至個性、才能、志向，甚
至於姓氏、籍里、年齡⋯⋯等等的差異，苟能打破藩籬，以有教無類
之原則，使人人皆有接受教育之機會，輔之以施教者之因材施教，則
不論任何人，皆可以成器長，以發揮其所能而有裨於世也。

　　　　——原發表於二○二二年十月廿八日《孔孟月刊》第六
　　　　十一卷第一、二期。

---

31 韓愈：《韓昌黎集・進學解》（臺北：河洛圖書公司，1975年），頁26-27。

經學史研究叢刊 0501033

《論語》新得——孔門弟子考信錄

作　　者　董金裕
責任編輯　張宗斌
特約校稿　林秋芬

發 行 人　林慶彰
總 經 理　梁錦興
總 編 輯　張晏瑞
編 輯 所　萬卷樓圖書股份有限公司
　　　　　臺北市羅斯福路二段 41 號 6 樓之 3
　　　　　電話 (02)23216565
　　　　　傳真 (02)23218698

發　　行　萬卷樓圖書股份有限公司
　　　　　臺北市羅斯福路二段 41 號 6 樓之 3
　　　　　電話 (02)23216565
　　　　　傳真 (02)23218698
　　　　　電郵 SERVICE@WANJUAN.COM.TW
香港經銷　香港聯合書刊物流有限公司
　　　　　電話 (852)21502100
　　　　　傳真 (852)23560735

ISBN 978-986-478-820-0
2023 年 3 月初版
定價：新臺幣 280 元

如何購買本書：

1. 劃撥購書，請透過以下郵政劃撥帳號：
　　帳號：15624015
　　戶名：萬卷樓圖書股份有限公司
2. 轉帳購書，請透過以下帳戶
　　合作金庫銀行 古亭分行
　　戶名：萬卷樓圖書股份有限公司
　　帳號：0877717092596
3. 網路購書，請透過萬卷樓網站
　　網址 WWW.WANJUAN.COM.TW

大量購書，請直接聯繫我們，將有專人為
您服務。客服：(02)23216565 分機 610

如有缺頁、破損或裝訂錯誤，請寄回更換
版權所有・翻印必究
Copyright©2023 by WanJuanLou Books CO., Ltd.
All Rights Reserved　　　　Printed in Taiwan

國家圖書館出版品預行編目資料

<<論語>>新得：孔門弟子考信錄 / 董金裕著.
-- 初版.-- 臺北市：萬卷樓圖書股份有限公
司, 2023.03
　　面；　公分.-- (經學史研究叢刊；501033)
ISBN 978-986-478-820-0(平裝)

1.CST: 論語　2.CST: 儒家

121.24　　　　　　　　　　　112002712